JN329522

アラン・コルバン

知識欲の誕生

築山和也訳

ある小さな村の講演会 1895-96

藤原書店

"LES CONFERENCES DE MORTEROLLES"

Alain CORBIN

©FLAMMARION, 2011

This book is published in Japan by arrangement with FLAMMARION,
through le Bureau des Copyrights Français, Tokyo.

日本の読者へ

私はかつて十年以上にわたって、十九世紀にリムーザン地方に住んでいた人々の心的世界の研究に努めた。しかしながら、その研究が終わったあとでも、私にはまだ十分ではないという気持ちが残った。たしかに、とりわけ第二帝政末期以降の識字教育がどれほどまで進展していたか、学校教科書や報賞として生徒に配られた本がどのくらい浸透していたかについては知ることができた。だが様々な資料は、学校を卒業して成人した若者たちがもはや読書をすることはなかったという事実を表していた。

そのことは、行商人が何世紀ものあいだ片田舎の僻地まで運んで配布し、宵の集いで朗読されていた行商本がそのころ消滅しつつあっただけに、重大な問題だった。その地方の田舎に関する研究によって、読書——新聞や大衆向けの本を読むこと——は両大戦間期にようやく広まったことがわかっていた。

そこで次のような疑問が浮かび上がってきた。彼らは本当の意味で本を読むことはなく、宵の集いでいわゆる行商文学を朗読で聞くこともなくなっていたのだから、この地方の――また他の多くの地方の――農民たちはいったいどのようにして世界の表象を頭の中でつくりあげていたのだろうか。

そんなとき、ある女性歴史家が私に連続講演会のプログラムを見せてくれた。それは、モルトロールという小村で小学校教師をしていたボモール氏が十九世紀末に行った講演会のプログラムだった。彼はその講演によって一八八二年に公教育大臣ジュール・フェリーが表明した要請に応えたのだ。そんなわけで、教師が講演で扱ったテーマはわかっていたし、また、冬の厳しい寒さにもかかわらず彼の話を聴きにやってきた男女の人数がかなりの数にのぼることもわかっていた。講演会のプログラムや聴衆の数の多さをとおして明らかとなったのは、そうした貧しい人々が抱いていた大いなる知識欲、近代性や道徳を吸収したいという欲望である。彼らはその小学校教師から、歴史、植民地建設、農業の進歩、祖国崇拝、労働の尊さについて教えを受けたのだ。

だが、田舎の貧しい人々の目には途方もない魅力を帯びていたその講演の原稿は見つからないままだった。そこで私はそれを想像で再現することに決めた。

フランスで本書が出版されてから四カ月が過ぎたときのこと、今度は私がボモール氏の教室で講演をするよう招かれた。建物の骨格は完全なかたちで残っていて、教室はちょうど再建されたばかりだった。その講演の際、一人の老婦人が私の前に現れて、彼女の父親が小学生のころ使っていた数冊の古いノートを両手で差し出した。彼女の父親は、私がその言葉を想像力で再現しようと努めたあの小学校教師の生徒だったのだ。私はそのノートを目にして、自分がボモール氏の演説を間違ったかたちで伝えてはいないかと、とても不安になった。ノートの一頁には「祖国」のことが書かれていた。それを読んで私は安堵した。ボモール氏が生徒に口述した文章は、同様のテーマに関して私が想像でつくりあげた講演の文章と同じ文体、同じ語調だったのだ！　ちがうのは、十九世紀末の小学校教師が、私が彼のものとして想像した言葉よりもさらに力を込めて、自己犠牲の必要性、場合によっては祖国のために命を捧げる必要性を強調していることだった。

ボモール氏の教室で体験したこの出来事を私はこれまで一度も語ったことはないが、日本の読者の皆さんには喜んでそれを打ち明けたいと思う。

二〇一四年九月

アラン・コルバン

アグラエ・ビッソン（一八五七―一九五〇）の思い出に

知識欲の誕生　目次

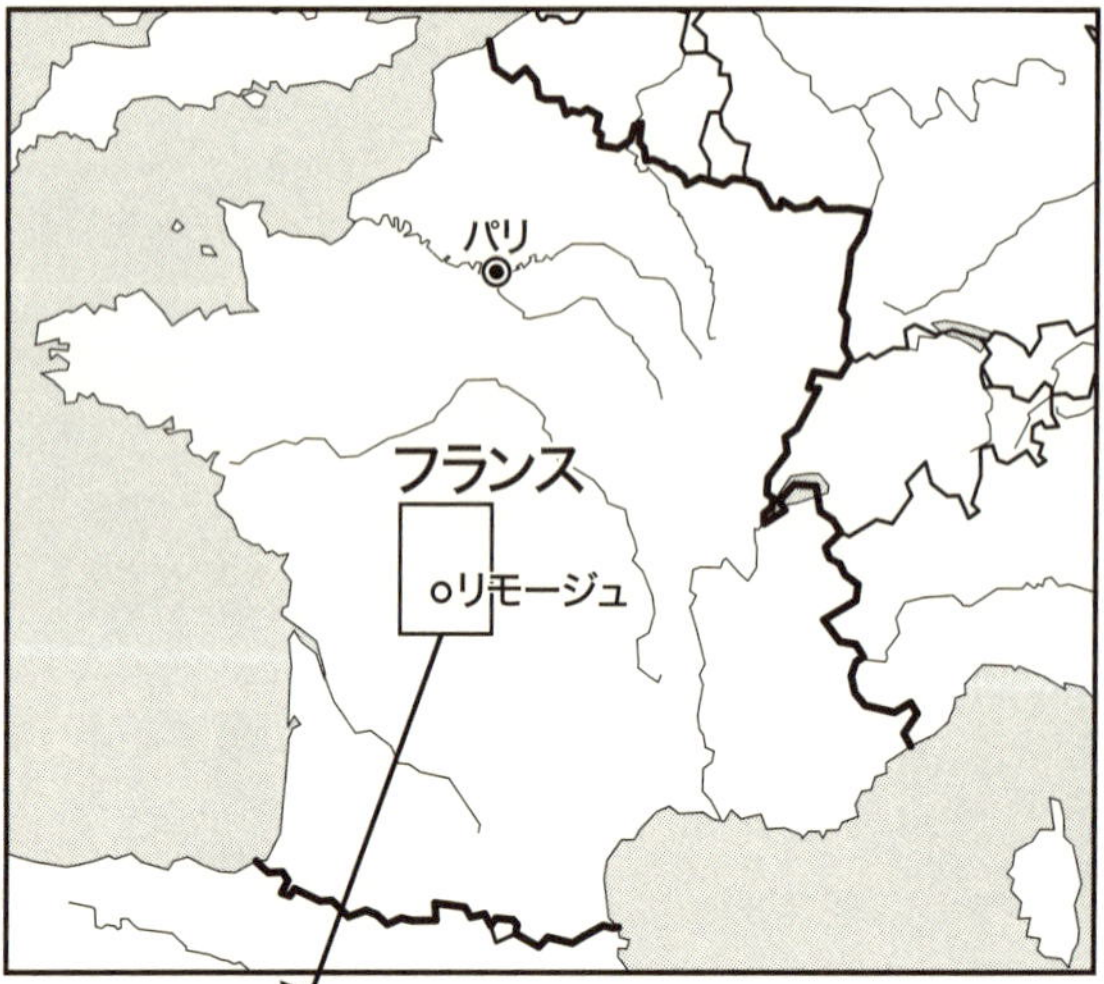

1854年のモルトロールとその周辺
(Victor Levasseur, l'Atlas national illustré des 86 départements et des possessions de la France による)

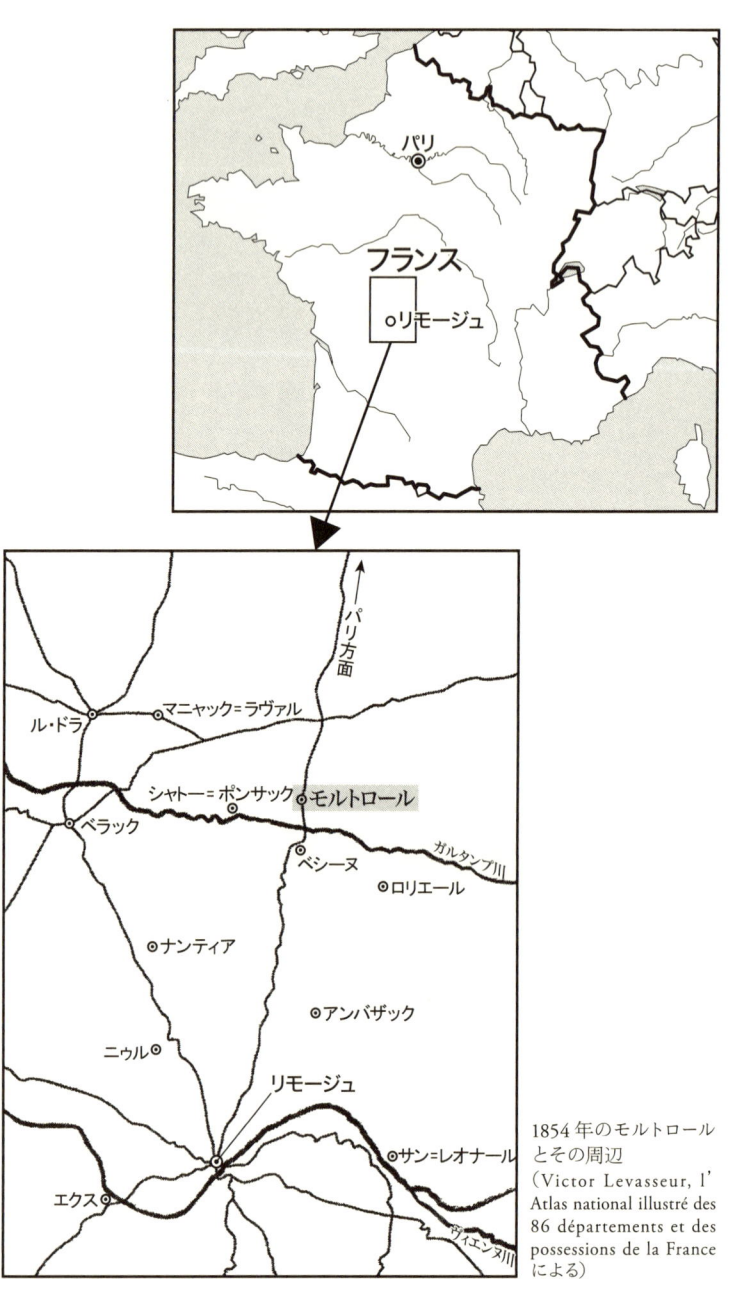

知識欲の誕生

凡例

一　原注は各章ごとに（1）、（2）……で示し、巻末にまとめた。

一　訳注は〔　〕で本文中に記した。

一　原文イタリックの箇所のうち、作品名および新聞・雑誌名は『　』で囲い、それ以外は傍点を付した。

一　大文字で強調されている団体名等は〈　〉で囲って示した。

一　原著者による引用文の中略は（…）で示した。

一　原文の《　》およびボモールの講演文中で使用されている"　"は「　」に置き換えた。原文になくても、必要と思われる場合に「　」を使用した箇所もある。

序

ボモール氏は熱意あふれる教師だった。上層部の無言の期待に応えて、一八九五―九六年の冬のあいだ、モルトロールの勤務校で大人向けに連続一〇回の講演を行った。ボモール氏は才能ある教師だった。彼は明らかに聴衆を夢中にさせた。村の男の約半数と女の約四分の一が彼の話を聞きにやって来たが、彼らの意欲は冬のあいだ中ずっと衰えることはなかった。ボモール氏は虚栄心の強い教師だった。そうでなければ、『ヌヴェリスト・ド・ベラック』紙に一〇回の講演のテーマと聴衆の男女別人数を公表する必要など感じなかっただろう。とはいえ、本書が対象とするのはボモール氏ではない。当時、他にも良心的で才能にも恵まれ若干自惚れた教師はいた。だが、彼の功績によって、われわれは冬の寒夜に彼の話を聞きに集まった無名の人々の知識欲を想像してみることができるのだ。

男も女も彼らの大半は字を読むことはできたが、本を読むことはなかった。冬は夕べの集いでお互いのことや家畜や収穫のことを語り合うのが習慣だった。だが、その年、彼らは、地理、歴史、科学に関する想像力を満たしたいという欲望、道徳や公共心の基本を吸収したいという欲望を明確に示した。それが、簡潔でありながらも誇張された教師の言葉に彼らが期待したものだった。

十九世紀末、田舎の小村に暮らしていた農民や手工業者がどんな知識を持っていたのかは不明である。学校の歴史を扱った多くの書物、学校教科書の研究やその内容の分析は、子供たちが良き生徒として何を学ぶことができたのか教えてくれる。しかし、その後の彼らの知識習得や文化的実践についてはほとんど何もわかっていない。

ボモール氏のおかげで、私たちはある知識の習得過程を思い描くことができる。残念ながら、講演の原稿が私たちの手元にあるわけではない(1)。ボモール氏が原稿を読み上げたとは私にはとても思えない。聴衆にはそんなことは耐えられなかっただろう。

したがって、彼の講演を想像する必要がある。講演は一八八二年に表明されたジュール・フェリー〔公教育大臣〕の意向に沿ったものだった。大臣はそれに大衆教育の補完を期待したのだ。だが、ボモール氏の言葉を再現するにあたって、彼自身が知り得たことや、その年に彼が読んだり聞いたりした可能性のあるものについて調査しなければならなかった。彼の言葉が想像できる、いくつかの確かな根拠がある。ボモール氏の人柄、彼が受けた教育、演説家としての長所短所、声の調子、教材の使い方についてはわかっている。それぞれの講演の詳細なテーマや聴衆となった男女の数も判明している。そうした集会がモルトロール村の中心部にある男子校の教室で開かれたことにも確信がある。これほど記録の集積があるのは珍しい。

だが、ボモール氏の言葉の再構成に立ちはだかる困難はそれでも大きい。まず言葉がもつ意味の儚さや言葉の使用の歴史に起因する難しさがある。彼は「倫理」ではなく「道徳」について、「価値観」ではなく「共和主義的信条」について、「科学者」ではなく「学者」について語るのだ。聴衆の語彙の乏しさを考慮して、言葉はわかりやすいものでなければならなかった。しかし、この世代の教師たちの話を聞いたことのある人は皆、その言葉にある種の誇張がないわけではないことを知っている。同僚の教師たちと同様に、ボモール氏はおそらく知識の所有者を自負し、その知識を完璧なフランス語で伝達する使命を自らが担っていると感じていただろう。今日では、彼はある意味で自分の話に酔っていたにちがいないとも思える。

われわれの出自であるこの失われた世界との接点を回復するためには、拒絶することなくあらゆる物事に耳を傾けることを受け入れなければならなかった。――その点でラジオの比喩〔原題の副題は「ある失われた世界に耳を傾けて」〕は適切だといえる。知の欲望をその世界の全体性に適合させることが必要だったのだ。私はそれゆえに、今日の世界表象からおそらく最も隔たったものも削除することを望まなかった。祖国、労働、植民地獲得は、ここでは農産物の生産性向上についての考察と切り離すことができない。私は一連の講演から何ものも省略や削除すべきではないと考えた。海洋考古学者が、復元を試みる船舶のあらゆるパーツを海中から引き上げなければならないのと同様である。とはいえ、今日の読者にとって水没した心的世界の中にそのように潜入することが困難であることは承知している。

私はいかなる資格によってボモール氏の声や言葉を再現すると主張できるのだろうか。私が本書を捧げたアグラエ・ビッソンは彼と同年の生まれである。私が幼かった頃、彼女は私に歴史の手ほどきをしてくれた。それだけでなく、疎開〔第二次世界大戦〕の間、私は彼女と一緒にモルトロールから数十キロのところに三週間滞在したこともある。ノルマンディー地方の大農場でかつて農婦として働いていたこの女性はそこで、人生最初の大きな思い出である一八六三年の田舎結婚式のことを話してくれた。彼女の陽気な回想は、『ボヴァリー夫人』で描かれるくだらない祝宴やフロベールの客観的な視線とはまったく異なっていた。一九四〇年代初頭にはまだ鋪装されていなかった村道を指差して、それが「皇帝」（ナポレオン三世）のおかげででき たのだと言った。とくに、一八七〇年、両親の農地にプロイセン兵が闖入してきたとき〔普仏戦争〕の衝撃を彼女は私に語った。彼女の最も大切な思い出は、一度きりのパリ旅行だった。一八八九年にそこでエッフェル塔を見物したのだ。そんなことを彼女は話し、私は彼女と同年代の数少ない老婦人たちとともにそれに耳を傾けた。

彼女がこれらの思い出のひとつひとつを語る一方で、ドイツ兵は散発的にフランスの家々を占拠し、年配の男たちは食事の間ずっと第一次世界大戦の話をしていた。この三つの戦争の絡み合いが、歴史の奥行きについての感覚を私に植え付けたのだ。

四半世紀後、一九六六年と一九六七年の間、私は人民戦線を勝利に導いた一九三六年の国民議会議員選挙で投票に赴いたリムーザン地方の老人たちにインタビューをした。彼らは皆もう亡くなってしまったが、その中でも最高齢の人たちは一八九六年にボモール氏の話を聞きに来ていたかもしれない。それ以外の大半の人たちは次の世代に属していた。彼らが世界や政治を知覚する仕方はかなり奇妙なものに私には思えたし、それは私が政治史の本で読んでいたことにはほとんど一致していなかったので、人類学者に脱皮した歴史家にとって、すべてはこれからだと直感したものだ。

その二年間は、十九世紀におけるリムーザン地方の住民史に費やした十年間の調査の準備期間となった。三十年後、私はこの地に舞い戻った。ボモール氏の一連の講演が、ラジオ、テレビ、コミュニケーションのあらゆる現代的様式が登場する以前に、その歴史的特性の中で、知識欲の開花の瞬間を捉えることを可能にしてくれる窓となっているように思えたからである。

それは、オリニ＝ル＝ビュタンの木靴職人、ルイ＝フランソワ・ピナゴについてかつて行った調査を継承することでもある。(2) 私はその男の感情や気持ちを知るにはいたらず、彼が知ることのできなかったこと、またおそらく体験することもなかったことだけに向き合った。彼の死から二十年足らずで、モルトロールの貧しい住民たちの事情はもはやそれと同じではなかった。彼らがボモール氏の講演にこぞって駆けつけたことは、彼らの期待の地平を示している。それをとおして、われわれは彼らのうちに消極的なだけではない欲望を感じ取ることができるのだ。この新しい知の欲望（知識欲《リビドー・シエンディ》）は、それが国家という織物の微細な編み目の奥底に光を投げかけている点では、フランスの歴史を照らし出しているといえるだろう。

ボモール氏の講演会

年　月	テ　ー　マ	出席者(人)		合計(人)
		男性	女性	
1895年12月	マダガスカル	90	30	120
	愛国心について	150	50	200
	シャルロット・コルデー	120	30	150
	ジャンヌ・ダルク	100	30	130
1896年1月	農業における高生産性	112	30	142
	団結と団体の効用	120	30	150
	ロスバッハとヴァルミー	100	20	120
	アルジェリア、チュニジア、スーダン	160	60	220
1896年2月	霜の原因と影響	120	40	160
	労働の効用	90	25	115
計		1162	345	1507

出典：1896年3月1日付『ヌヴェリスト・ド・ベラック』紙（IL/296 ADHV)。
モルトロールには当時643人の住民がいた（子供を含む)。

第1章　講演者・ボモール氏はどんな人物か

一八九五—九六年の冬の数カ月以前には、ボモール氏は際立って優秀な教師だったというわけではないようだ。彼はリモージュ高等師範学校での学業を経て、二十歳で初等免状を取得した。彼はゆっくりと仕事を学んでいった。最初はサン＝レオナールという小さな町の補助教員として。それからオラドゥール＝シュル＝ヴェールの分校に、さらにサン＝ジュネストの学校に赴任した。モルトロールで教鞭をとるようになったのは、十数年前からのことだ。

ある教師の話によれば、彼の着任時、男子校は劣悪な状態にあったらしい。生徒たちはほとんど何も知らず、「放任状態」で、「勉強の習慣[1]」もろくに身についていなかった。このことはボモール氏が後に行う講演の聴衆について知るうえで、記憶にとどめておくべきであろう。初年度、ボモール氏はそうした状況を完全に立て直すにはいたらなかった。しかし、その後の十年間、彼は学校を改善しつづけた。一八九五年に講演を行ったとき、彼は三十八歳だった。女子校の教師だった妻マルグリットは三十二歳、女児二人の母親だった。

バス＝マルシュ地方の北部、十九世紀の調査によればオイル語地方とオック語地方の境界線上に位置するモルトロールには、当時六四三人の住民がいた。一八九六年まで、村はいわゆる住民の都市への流出というものを知らず、この十年間で村を離れた住民はわずか十九人だった。それは、出稼ぎが行われる地域に村が位置していたからだ。昔からの伝統にしたがって、近年まで毎年春になると石工の一群がパリに働きに出ていたのである。出稼ぎは、当時減少傾向にあったものの、村人の収入源となり、借金の返済を容易にし、遺産相続の分配をめぐる諍いを減らしていた。モルトロールは外の世界から隔絶していたわけではなかった。パリとリモージュ、トゥールーズを結ぶ国道二〇号線が村を通り、アルマン・ギョーマンやその他の印象派の画家たちによって近年流行となった、ボワショー地方やクルーズ渓谷のクロザンのような風光明媚な村々からもさほど遠くはなかった。

十九世紀末、バス＝マルシュ地方のどの市町村でもそうだったように、モルトロールでも中心部と周辺部の区別はより一層明確となり、中心部は周辺部と便利につながるようになった。この数十年間に、町には学校と役場がつくられた。古い家は少しずつ拡張・増改築され、採光をよくするため、開口部が設けられた。壁は漆喰で塗られ、床板やガラス戸が取り付けられ、井戸が掘られた。新しい家も、たいていは古い家とは離れたところに、次々と建てられた。新しい家の建築に、里帰りした出稼ぎ労働者が携わることもあった。一八九六年の人口調査(2)は、二世帯の同居がもはやあまり一般的ではなくなっていたことを示している。若者も年配者もそれぞれの住居を持つことを望んだのだ。

寒村を好んで描く農民文学や両大戦間期の映画のステレオタイプにもとづいてモルトロールを思い描いてはならない。ベル・エポックの時代、そのような村の中心部では華やかな催しが盛んに行われていた。若者たちは家族の団欒には目もくれず夜の村に活気を与えた。商店やその顧客によって、村には往来や活動が絶えなかった。手工業者たちの仕事は子供たちに物事を学ぶ機会をつねに与えていた。郵便局員や配達人は外部との関係を密にしていた。地方における新しいタイプの社会的関係性がモルトロールの「中心部に」築かれたのだ。村の社会関係が、小集落にはまだ存在していた閉鎖的で孤立した社会関係に少しずつ取って代わったのである。治とはいえ、モルトロールは名もなき小さな村にすぎず、小郡の中心都市ですらなかった。治安裁判所も税務署もなく、医師、薬剤師、去勢屋、公認測量士もいなかった。村には注目に値するようなものも存在しなかった。一部ロマネスク様式でつくられた町の教会は、一八一四年にモルトロールに投宿した教皇ピウス七世によって授けられた聖十字架の断片を収めていることもあって、(3)旅行ガイドによれば「一見に値する」のだそうだが、ともかく一八九五年に村を本当の意味で有名にすることになるのはあの小学校教師なのだから、彼のことに話を戻そう。

新米教師だった頃、ボモール氏は穏やかな人物ではなかった。彼の指導者だったサン＝ベルナール小学校の校長によれば、「教室でやたらと怒鳴っていた」[4]そうだ。時とともに、彼は自制することをおぼえた。査察は毎年行われ、それをとおして彼の成長の歩みをたどり、講演者としての特質を想像することができる。彼はすぐさま教室に秩序と清潔さと規律を受け入れさせることに成功したが、その一方で快活さや明るさを失うことはなかったとのことだ。一八九〇年と一八九四年の視学官は「生徒たちに刺激を与え、興味を持続させることができる」と書いている。[5]ボモール氏は大きな声で話した。彼を毛嫌いしていた司祭は、その「吐き出すような」[6]話し方を馬鹿にしていた。後に視学官の一人も「声の調子に多少気取りがある」[7]と彼を非難している。

　ポール・ボモールは良き教育者だった。授業の準備をし、入念に宿題の添削をした。生徒たちがノートをしっかりとっているかよく気を配った。彼の授業は「にぎやかで活気に溢れていた。生徒たちはみな注意深く彼の話に耳を傾け、関心を示していた」[8]。彼は子供たちに暗唱させるのも上手だった。イラストをご褒美に与えて、幼い生徒たちの競争心を巧みに煽った。

　生徒数は年によって五一名から六四名の間で増減があったため、ときには上級生の中から補佐役を一人選んで下級生の勉強をみてもらう必要もあった。特色のある彼の教室においては、いわゆる相互教育というものの雛形がつくられていたのである。ボモール氏はグループ毎に学習を配分し調整するすべを心得ていた。「全生徒が同時に何かに打ち込み」、「授業は体系的である」[9]と伝えられている。教師は「作文」の教え方に優れていた。彼が課した作文のテーマには彼の想像力が表われている。添削後、「彼は出来の良いもの、中程度のもの、悪いものの中からそれぞれ選んで、いくつかの作文を読み上げた」[10]。初等教育視学官は一八九〇年にボモール氏の歴史の教え方について触れている。それを見ると、彼の教育者としての才能がより鮮明に浮かび上がってくる。「教師は（…）子供たちに質問し、授業で扱った学習事項がよく理解できているかどうか、生徒たちの頭の中で出来事がしっかり整理されているかどうか確認しようとする。（…）子供たちは口頭で授業の内容を要約し、学んだことを説明するように促される」[11]。

上級生たちは、ボモール氏を敬愛して、よく読書をした。一八九五年と一八九九年には、ボモール氏は読本として『(二人の子供の）フランス巡歴』という本を使用した。下級生を相手にする場合でもそれは同様で、低年齢の生徒たちにこのような本は理解できないのではないかとの批判もあった[12]。視学官の一人によれば、教師は道徳教育を多少なおざりにするところもあったらしい。だが、ゴーム司祭はその人柄について、ポール・ボモールは道徳評論家らしく振舞っていると記述しており、家庭の良き父親であることは認めている。さらに言えば、彼は一八九二年に「禁酒会表彰」を受けており、そのことからすると彼は禁酒運動に参加していたと考えられる。一方で、彼は市民教育を蔑ろにはしなかった。それに関しては、生徒たちに「人権宣言」のことも軍における階級区分のことも教えた。算数の授業においては、何ら欠点は見当たらなかった。上級生には難解な問題も解かせたりした。

地理の授業では、主にフランスが対象となった。そのためにボモール氏が使用したのは、地球儀と壁に貼られたぼろぼろの地図数枚だった。彼は黒板の使い方がとても上手く、黒地に大きく絵を描いて教室を飾りつけた。使用機材一覧に幻灯機は含まれていないが、それがあれば講演会で図を見せながら説明することもできただろう。身体を使う授業はきわめて簡略的なものにとどまった。小さな作業場さえも与えられていなかった。広さ二百平米の学校菜園は、よく手入れされていた。教師の要望に応えて、市長が井戸を掘らせ、また中庭にちょっとした雨天体操場を作らせたばかりではあったが、それでも学校に器械体操用具は備わっていなかった。

ボモール氏は市長秘書官でもあり、その報酬は月給が千三百フランだったのに対してはわずか百フランだった。女中は雇っていなかった。おそらく町の若い娘が学校や教師夫妻が使っていた四、五部屋の住居の掃除の手伝いにやって来ていたものと思われる。ポール・ボモールは素晴らしい伴侶に恵まれていた。妻マルグリットは十七歳で初等免状を取得した。どの視学官も彼女の教え方に賛辞を贈ったが、「成績評価や処罰においては」(13)ときに厳しすぎるという意見もあった。一八九五年の冬には、夫よりも少しばかり高い評価を受けている。それは彼女がモルトロールに配属されていた修道会の女性教師に対する抵抗を成し遂げたからだ。修道会から生徒を奪い取ってもいる。その年、彼女が受け持った生徒は出席者で三十名。一八九七年には、その数は登録者五十名、出席者四十一名となり、聖アンヌ修道女（マリー・ラビュシエール）とその補佐のもとには二〇名程の生徒が残るだけとなった(14)。

視学官やモルトロールの住民たちの話では、夫婦関係は非の打ちどころがなかった。夫妻は男子と女子のそれぞれに同じ宿題を与え、そうすることで、ある視学官によれば、「興味深い比較ができる(15)」のだった。夫婦仲があらゆる面で良好だったのは明らかだ。二人の娘の最初の誕生から十六年後、マルグリットは男児を出産している。

歴代の視学官は、夫妻が役所や住民との間に築いた信頼関係を絶えず強調している。記録文書をみると、唯一司祭が彼らを毛嫌いしていることがわかるが、そうした反感も大事にはいたっていない。有能な市長秘書官だったボモール氏は、選挙の際にも政治的な関与を避けた。彼は激しい対立が心底嫌いだったのだ。その控えめな姿勢はクロネル伯が視学官に宛てた手紙の中で強調しているところでもある(16)。その一方で、このモルトロールの小学校教師は世俗性《ライシテ》への賛同はあからさまに示した。司祭は彼が生徒たちをミサに連れてこないと非難した。そのことからすると、ポール・ボモールは熱心なカトリック信者ではないようだ。それでも、彼は厳格な宗教教育を受けてはいるのだが。

歴史家たちは、「共和国の黒い軽騎兵〔第三共和政下の公立小学校教師に付けられた渾名〕」を引き合いに出す際、そうした事実を忘れがちだ。リモージュ高等師範学校の生徒だった一八七四年から一八七七年までの間、彼は教理問答書だけでなくカトリックの聖史の手ほどきも受けており、そうした知識をおそらく後世に伝えるように教育されていただろう。聖書の主要な逸話は学校の科目として詳しく説明されていた。[17] 高等師範学校の生徒たちは、性格、態度、性向、勤勉さといった将来の教師に期待される資質によって成績が付けられていたが、カトリックの務めを果たすことも評価の対象となっており[18]――それはその後の一八八〇―八一年においても同様だった――それらの項目の総合点によって席次が決まっていた。

一八九五年にボモール氏が生徒の保護者たちから高い評価を受けていたことや、まとめ役の才能に恵まれていたことは、モルトロール小学校卒業生親睦会の設立がやがて証明するところだ。[19] また、そんな彼の教育者としての力量を目の当たりにして、周辺の集落の住民の中には自分の子供を彼の学級に入れたいと希望する者もいた。

私は一八九五―九六年の冬に講演会を行ったのが本当に彼だったのか長い間疑問に思ってきた。ジュール・フェリーの示唆にしたがって[20]、教養のある名士かあるいは自分の妻に依頼したということも考えられるだろう。だが、記録文書を調べた結果、そのような疑念はすぐに晴れた。一八九六年、オート＝ヴィエンヌ県視学院の計らいによって、ポール・ボモールは冬期にモルトロールで行った講演の褒賞として、銅メダル、賞金百フラン、ならびに数冊の書籍を受け取っているのだ。[21] 翌年、彼の勤務評定は二十点満点で一四点から一六点に上がっている。

その際、全県でそのような褒賞を彼の他に二人だけが受けていることがわかったが、おそらくそれはいわゆる夜学を担当したことに対してだろう。したがって、上層部や植民地ロビーの要請[22]にもかかわらず、ジュール・フェリーが構想したような真の「大衆向け講演会」を行った教師はボモール氏ただ一人なのである。それだけにオート＝ヴィエンヌ県におけるこのような例外的な事例を研究することは興味深く、それによって植民地侵略の只中における新たな文化的実践の生成過程を垣間みることができるだろう。

残るは、ボモール氏が講演を開催した会場について知ることである。聴衆の多さを考えると私にはそれが大問題だと思えたのだが、モルトロール小学校卒業生親睦会の祝宴に関する報書を読んでその疑問も氷解した。祝宴は一八九八年二月十三日に彼の教室で開かれた[23]。その日、教室には針葉樹や花綵《はなづな》が装飾としてあしらわれ、一五〇人もの人が参加し、五〇組のカップルが「抱腹絶倒のポルカ」を踊った。要するに、教室は身じろぎもせず静かに並んで耳を傾ける二〇〇名の聴衆を収容するのに十分な広さだったということである。たぶんモルトロールではそこが冬の晩に暖房が可能な唯一の大きな会場だったのだろう。したがって、ボモール氏は自分の教室で講演を行ったと思われるが、それは彼の教え子たちには感動的に思えたにちがいない。

彼が毎回の講演の題目を『ヌヴェリスト・ド・ベラック』紙に掲載することを望んだという

事実は、すでに述べたように、ある種の虚栄心を明らかにしている。司祭が嘲笑するのもまさにその虚栄心なのだ。一八九八年二月、司祭はダンスを踊らせただけでなく、県下に知れ渡る著名人になろうと目論んで新聞を巧みに利用したとして仇敵を非難している。司祭が思うには、近隣の小学校教師も同様に有能で誉れ高いがはるかに謙虚なのだった(24)。

講演者のことに話を戻そう。記録を読むと、彼が身振りも声も大きい自発的で元気一杯の溌剌とした人物であることがわかる。十九世紀の医者が多血質と見なした人間の一人だが、完璧な自制心をもっていた。学校でも町中でも行き過ぎた行動は微塵も認められなかった。また、彼はしきりに鉄道とは無縁の生活はごめんだと言っていたが、そのことからすると(25)、ポール・ボモールは移動が嫌いではなかったらしい。彼は生涯をオート＝ヴィエンヌ県で過ごしたが、フランス国内を多少は旅行したものと思われる。それは、村に住み、子供たちを学校に通わせている「パリジャン」の石工たちに無知だと思われたくないというだけの動機によるものだったのかもしれないが。

フランス国内の政治情勢は本書ではさほどの重要性はもたない。それでも、ボモール氏が講演を開始した当時、直前に巻き起こったドレフュス事件は村ではまだ反響を呼んでいなかったことは指摘しておこう。噂の中心だった無政府主義者のテロは、沈静化に向かっていたようだ。急進派の首相レオン・ブルジョワによる無気力な政治はバス＝マルシュ地方の人々の関心をほとんど引かなかったにちがいない。レオ十三世が三年前に唱えたカトリックの共和政への加担《ラリマン》、国家主義者の圧力、そしてとくに植民地支配の展開、それらは何らかの反響を与えたかもしれない事象だが、それもモルトロールの住民が当時の国外情勢の正確な知識をもっていたとすればの話である。村の様子は平穏そのものだ。唯一、選挙、とくに村会議員選挙がいくらか人々の心を掻き立てたにすぎない。要するに、再度言うが、文化史に関わる本書にとっては何ら興味深いものではない。

モルトロールは外の世界から隔絶していたわけではなかった。パリとリモージュ、トゥールーズを結ぶ国道二〇号線が村を通っていた。

(二十世紀初頭のモルトロール。写真：オート＝ヴィエンヌ県議会、オート＝ヴィエンヌ県立史料館)
(Morterolles, début du XXe siècle.
Photo Conseil général de la Haute-Vienne—Archives départementales de la Haute-Vienne.)

第2章　聴衆はどんな人々だったか

一八九五年十二月のボモール氏の最初の講演に集まった聴衆の姿を思い描いてみよう。村の中心部に住んでいたのは、モルトロールのささやかな名士たちである。バス＝マルシュ地方出身で、村役場の秘書という立場にもあり、村民との関係もきわめて良好で、生徒の保護者をはじめとする住民の皆から尊重されていたとされる教師の人気を考えれば、それら村の「大物たち」が彼の話を聞きにやって来たものと思われる。村長、公証人とその妻、公証人の書生二人――そのうちの一人は公証人の息子――が教室に向かう途中で、郵便局長、夫と腕を組んで歩く助産婦、企業家などと出会う様子が目に浮かぶ。郵便局窓口係の家族も忘れてはならない。村の有力者の中では、ルジェール司祭とその父親、それに彼らの家政婦、修道会が経営する学校の教員だった聖アンヌ修道女とその補佐や助手といった人たちだけが家に閉じこもったままだった。それでも、限られた選良のなかには、ボモール氏の話を聞きに行って司祭の感情を逆なでしたくないと考えた熱心な小教区信者の女性たちもいたことだろう。使用人とともに村の中心部に住んでいた年配の七人の寡婦はおそらくそれに該当する。

パン屋の二人、豚肉製品屋、肉屋、食料品店の女店主二人といった商店主たちはといえば、そこに参加して店の客と顔を合わせることがおそらく必要だったので、家中で講演を聞きに行くことになった。一方、酒屋二人と宿屋の主人は、自転車によって若者たちが村の中心部まで容易に飲みに出かけることできるようになった時代だったこともあり、冬の晩でもたくさんの客がいて、その相手で忙しかったことだろう。木材や鉄を扱う手工業者たちが講演に出席していたと考えるのには、慎重さが求められよう。それでも、二人の車大工、指物師、「中心地」で唯一の木靴職人、鍛冶屋などの家族は大勢だったため、そのなかにはおそらくボモール氏の生徒も何人かはいて、それによって親たちも先生の話を聞きに行ってみようという気になったかもしれない。学校付近に住んでいた四人の開発地主の家庭でも、それは同様である。

それらの人たちはみな、少し歩くだけで講演会に行くことができた。彼らは中心地に住むという恩恵を享受するちょっとした特権階級に属し、田園に住む人たちからはときに悪く思われることもあった。四人の使用人が出席していたかどうか、また、二人の日雇労働者、分益小作人、道路工夫、粉屋の労働者の家族が出席していたかどうかは疑わしい。布類整理係の女たちやおそらくお針子もそうだが、それらの人々はたぶんボモール氏の教室にいても居心地が悪いと感じただろう。村の残り少ない非識字者はそのような労働者のなかにいた。

残るは、六人の「石工」のケースである。彼らの多くは出稼ぎ労働者かまたは以前に季節労働者として働いていた人たちで、三月から十一月までの間はパリに行くかあるいは過去にそうしていた人たちである。彼らはバス＝マルシュ地方に戻ってくる冬の間やあるいは引退後も、首都に住んだことのある者という威光を笠に着て、パリに精通しているのを鼻にかけていたことが知られている。夜の集いでは、彼らの話に人々は耳を傾け、彼らは若い女たちの憧れの的となっていたそうだ。小集落に住んでいた彼らの友人たちと同様に、彼らも講演に行ってみようという気になった可能性はある。だが、すでに十分な知識をもっているという自負から、ボモール氏の集会には目もくれない態度を示そうとしたと思われる。

一八九五年において、モルトロールの人口密集地域を構成していたのは「中心地」だけではなかった。その中心地は「ラ・ボルドリー」「マイヤール家」「カナール家」「パスクロ家」と呼ばれる「地区《カルティエ》」に囲まれていた。そこに住む人たちにとって、ボモール氏の教室に赴くのに移動距離は短く、数分もあれば十分だった。だが、彼らの属する社会階層は、教会や村役場や学校の付近に住む「中心地」の人々の階層とは異なっている。そこで支配的なのは、農耕労働者である。開発地主の一八家族が当時「地区」に住んでいた。それ以外では、中心部の住民のような経済的ゆとりには恵まれていなかった。宿屋、肉屋、豚肉製品屋を別にすれば、住民は季節労働者や使用人数名、石工七名、郵便配達人で構成されていた。女性たちは衣類整理係かお針子で、職人は木靴製造業者だけだった。

さらに対照的なのは、「人口密集地域」と「周辺集落」である。一八九六年の人口調査の実施者が「分散的」人口とみなした一一の小集落に散在する集団は、開発地主であれ、分益小作人であれ、季節労働者であれ、もっぱら農家によって構成されている。開発地主の使用人もそこに含まれる。職人は、織物師、指物師、鍛冶屋の各一名に限られていた。加えて粉屋の労働者がいるが、それはなるほど「橋《ポン》」と呼ばれる場所に住んでいた。「周辺集落」全体では、五一世帯、二二三人もが存在していた。中心部の家庭よりも子供たちの数は多かったが、身分がどうであれ、それら農家にとって家庭内に労働力を有し、家政婦や若い使用人を交換し合うことは重要だったのである。

したがって、「周辺集落」には学校の生徒や最近学校を卒業したばかりの若者が数多くいた。それゆえ、それら小集落から押し寄せた聴衆を過小評価しないようにしよう。たしかに、彼らは講演会に出席するのに何キロもの道程を歩かなければならなかった。だが、農民たちは歩くのには慣れっこだった。彼らは、生産物を販売したり、気晴らしをしたり、祝祭や様々な集会に参加したりする目的で、中心部に出向くのを好んだ。彼らが木靴や短靴で小道を歩いたり、畑を横切ったりする姿が想像できる。あの一八九五年の寒夜に行き来する彼らの足音が聞こえてくる。そうした聴衆は、かなり長い時間歩きながら、夜の静寂のなか、ボモール氏の言葉に端を発した議論に花を咲かせることができただけに、余計に興味深く思えるのだ。

十回の講演をとおした聴講者の延べ人数は一五〇七名である。各回平均一五〇名という数字は、おおよそ村の成人人口の三分の一にあたる。アルジェリアとスーダンについての講演の際には、その割合は半分に達した。延べ一一六二名の男性聴講者は女性聴講者三四五名をはるかに上回った。その人数は平均でモルトロール在住の成人男性四六%にあたり、三分の一を下回ることは一度もなく、最高で六四%に達した。女性聴講者の数は平均で村の人口調査によって数えられた女性の一四%に相当し、その四分の一を超えることは一度もなかった。

その数字のちがいには驚かされる。理由として三つの点がすぐに思い当たる。女性は、男性の仕事に比べて、より骨が折れるとはいえないまでも、より持続的な仕事に従事しなければならなかった。家事、子供の世話、「家畜」や家禽の管理などで、一人ならずの女性が家庭に縛りつけになっていたにちがいない。彼女たちの大半は修道会経営の学校に通っていた。彼女たちは司祭や学校の恩師たちが快く思っていなかったボモール氏の噂はまったく聞いたことがなく、そのため彼の話を聞きに行こうという気にはならなかったのだ。講演者は男子校の先生だったし、明らかに射撃の愛好家だった。構想中だった卒業生親睦会は、これから兵役に就くかあるいはすでに兵役を終えた若者たちをやがて結集することになる。講演で女性の仕事が話題に上ることはあるまい。要するに、講演のテーマは奥方たちよりも夫たちにより関連が深いと思えたのである。彼女たちの多くは、たとえ同伴を求められたとしても、夫に一人で学校に行ってほしいと答えたことが容易に想像できる。そのような状況にあって、平均で成人女性の一四%がボモール氏の話を聞きにやって来たという事実はむしろ驚きである。

男たちは愛国心や北アフリカの植民地についての講演が行われた夜には大挙して押し寄せた。ボモール氏がシャルロット・コルデーや組合の効用について語ったときにも、相当数の男性が学校にやって来た。労働、ジャンヌ・ダルク、ロスバッハの戦い、ヴァルミーの戦いといったテーマは、あまり魅力的ではなかったことが判明している。女性の参加はより規則的だった。女性たちに関して言えば、多くの参加があったとしても、それが彼女たちの好みを本当の意味で反映するものではなかったが、それでも愛国心と北アフリカの植民地という二つのテーマの魅力には敏感だったようだ。

ボモール氏はあらかじめ講演のテーマを知らせていたのだろうか。おそらく、そうだろう。さもなければ、三カ月の間に一一五名から二二〇名の間で揺れ動いた人数の変動を気候の良し悪しだけで説明しなければならなくなってしまう。

講演会場では、モルトロールの様々な階層の人々はどのように分かれて着席したのだろうか。むろんそのことについては何もわかっていないが、想像に委ねることはできる。講演会の夜には、副知事、国民議会議員あるいは県議会議員の来訪の際にそうだったように公の上下関係が尊重されていたとは思えない。集会はそこまで格式張ったものであってはならなかったのだ。村会議員のために椅子一列あるいはベンチが割り当てられていたとは考えにくい。もちろん、プティ村長が出席した際には彼のために特別席が用意された。それ以外では、社会的な上下関係は礼儀正しさの競い合いによって自然と明らかになったにちがいない。おそらく、最も貧しい人々は、最も「無口な」人たちでもあり、鳥打ち帽を手にパイプをポケットに入れて自ら後ろや両端の席に座ったことだろう。

ご婦人方や若い女性たちもモルトロールの「大衆向け講演会」に数多く参加したが、一方で女性たちは政治集会やとりわけ選挙集会からは締め出されていた。そのような男性的な集会は時に粗野な言葉で掻き乱されたものだが、講演にはそれに通じるところはまったくなかった。講演会は顔なじみの男性同士による喧騒よりも世俗的《ライック》な式典のモデルにより合致するものだった。また、聴衆もボモール氏が求めるものをよく理解して、敬意や礼節を失うことはなかった。

学校の子供たちは大人たちの講演会からは締め出されていたが、教室には十五歳から二十三歳になる教師の教え子が相当数いたものと思われる。一八九六年の人口調査目録によれば、それが聴講者の四分の一を占めていた可能性がある。同じ資料を信頼すれば、多くの親がボモール氏の学級に男児を一人ないしは数人通わせていたことになる。また、ボモール氏の妻の生徒たちのなかには、評判の高い女性教師の夫の話を聞きに行くのは良いことだと思った者もいたにちがいない。

講演の後で、ボモール氏に質問が出されただろうか。こうした田舎に住む大人の男たちが当時示していた気質、内気さ、遠慮深さ、沈黙を愛する精神などに照らし合わせてみると、それはまず考えられない。だが、視学官たちのおかげで、教師が生徒たちに語らせることを好んだこと、彼が生徒たちに発言する習慣を植え付けたこと、上手に音読する仕方を教えたことがわかっている。だから、教え子のなかには学校時代の雰囲気を思い出して果敢に発言した者がいた可能性はある。公証人、郵便局窓口係、企業家あるいは彼らの奥方たちも同様だったかもしれない。

要するに、この聴衆のなかに、キリスト教の式典や公開討論会や「ポンチパーティー〔政治集会〕」で取られていたそのいずれの行動様式とも異なる行動様式の出現を思い描くことができるのだ。それは、敵意むき出しの介入、陰謀、行き過ぎた大声や哄笑がまったくないところで、穏やかな友好を保ち、にこやかに親交を深める聴衆の出現であり、同じ好奇心によって、ボモール氏なら満たしてくれるだろうと期待した知識欲によって集まった聴衆の出現である。では、彼の最初の講演、マダガスカル征服という重大な時事問題を扱った講演に耳を傾けてみよう。

村の目抜き通りには肉屋が経営する宿屋と〈コメルス・ホテル〉があった。六四三人の住民のうち、村にはパン屋二名、肉屋一名、食料品屋の女性二名、酒屋二名がいた。

（二十世紀初頭のモルトロール。写真：オート＝ヴィエンヌ県議会、オート＝ヴィエンヌ県立史料館）
（Morterolles, début du XXe siècle.
Photo Conseil général de la Haute-Vienne—Archives départementales de la Haute-Vienne.）

第3章　「フランスが領土拡張したマダガスカル」（第1回講演）

午後の間に大急ぎで並べられた椅子やベンチに聴衆が腰掛けるのを見届け、ストーブが作動しているのを確認してから、ボモール氏は語り始めた。

「私はこの冬の講演会をつい最近起こった輝かしい出来事のことから始めたいと思います。その出来事は共和国の野心の大きさを示すものであり、フランスを深く傷つけた普仏戦争敗北から二十五年がたった今、フランスの再生を示すものであります。私がお話ししたいのはマダガスカル征服のことで、それは先月めでたく完了しました。ここに広げた地図でこれからお話しする出来事をたどっていくことができると思いますが、この地図を見ると、厳しくも壮大で、まだ完全には開拓されていないが、きわめて多様な景色に彩られ、不毛な土地と肥沃な土地が入り混じるこの大きな島の重要性がよくわかります。

名宰相リシュリューは晩年、この土地の利点をよく理解していました。彼はそれが植民地領有のすべての基盤となり、インド航路におけるフランスの影響力を確固たるものにするだろうと考えました。一六四四年初頭、フランスの最初の海外領がここフォール＝ドーファンにつくられました。残念ながらこの大計画はフランス本国からの支援に恵まれず、不幸な結果の連続に帰着するほかありませんでしたが、それほど困難は多大でした。最終的に、紆余曲折のすえ、フォール＝ドーファンは一七七〇年にやはり放棄されることになりました。それは国王ルイ十五世とその大臣たちの怠慢のせいでわが国最初の植民地が失われたことによるものでした。しかし、その頃の記憶とマダガスカルはわが国の世襲財産であるという信念は残りました。

共和国は偉大なるジュール・フェリーの推進力のもとで熱意を取り戻し、レユニオン島の領有と植民地化に勇気づけられて、この地域における領土拡張を再開しました。一八八五年の遠征は緩やかに展開され、ホヴァ族という小部族の長としてアンタナナリヴ——ここです——に君臨していた女王ラナヴァルナ三世に条約を結ばせました。それによって、残念ながらそれほど安定したものではありませんでしたが、フランス人高官の駐在が実現し、フランスの支配を不確かながらも認めさせたのでした。

世界の多くの場所でそうだったように、イギリスの反発によってこの最初の試みは頓挫しました。フランス人宣教師や入植者がその犠牲となったイギリスの教唆による迫害、そうした人びとによる本国への請願、未開に対する文明の戦い、フランスのあらゆる計画への妨害、ホヴァ族による一八八五年の条約の侵害、国有財産を保護する義務、それらすべてが強い行動にでる必要性を与えていました。そこで国会は遠征を決議し、遠征はめでたく終わりましたが、わが国の勇猛果敢な兵士たちにかつてない苦渋を味あわせる高い代償を払わねばなりませんでした。今晩お話しするのは、わが国の歴史のこうした輝かしい一ページについてです。

今から五年ほど前の一八九〇年八月五日にイギリスとの間で結ばれた協定によって、ようやく自由に事を運ぶことができるようになりました。海軍省と陸軍省は——そこに不備があったことは認めねばなりませんが——この見事な征服を準備したのです。イギリスのやり方とは対照的に、部隊の大半は海外領で徴募されるいわゆる植民地兵ではなく若い新兵で構成されることが決定されました。正確な数字を言えば、一万四七七三名のうち一万一〇〇〇人はフランス人で、それをアルジェリアの原住民歩兵の二大隊と当時フランスが堅守していた唯一の地域であるディエゴ・シュアレスで編成されたマダガスカル人の一大隊が支援しました。わが国の立派な植民地であるレユニオン島からの志願兵数名もそれに加わることになります。クーリー、つまり荷役や御者は七千人もいれば食糧や物資の運搬に十分だとの判断でした。イギリスの遠征では、その倍の人数が使われていました。

私は先ほど軍部の犯したミスをほのめかしました。フランス人の若い兵士の選択はわれわれの胸を熱くしますが、彼らがこれから晒される苦難や疲労に備えがなかったことや、マラリアや容易に人を近づけない土地で猛威を振るうあらゆる病気に植民地兵よりもはるかに弱かったことは認めなければなりません。唯一有効な医薬品であるキニーネが、マジュンガに兵士と機材が上陸した二カ月後にようやく配布されたことも付け加えておきましょう。薬は船の中でルフェーブル車の下に置かれていたのですが、その車両についてこれからお話しします。

軍部はその車両が遠征部隊の迅速な移動に役立つと大きな期待を寄せていました。しかし、土地はすぐに通行困難であることがわかりました。実際、車両は進行を遅らせ、兵士たちにとって必要不可欠な荷役を彼らから奪うばかりだったのです。また、大砲は数カ月後にやっと到着するありさまでしたが、あとでお話するように、それが決定的な寄与を果たすことがやがて明らかになります。

工兵部門のミスによって遅れがあったわけですが、わが国の若き兵士たちは上陸して進行が始まった直後から苦しみました。兵士たちが寝泊まりするための仮兵舎やテントはなく、蚊帳――恐るべき蚊から身を守るための布です――は不足し、橋梁は短すぎ、通信機は接続が悪く、物資の補給は遅れがちでした。若い新兵たちは灼熱の太陽のもと通行困難な道を荷物を担いで徒歩で進んで行かなければなりませんでした。

幸運にも、彼らはデュシェーヌ将軍という偉大な指揮官の命令下におかれていました。彼のことを冷淡で高圧的だと感じた者もいましたが、実際のところは、彼は植民地経験の豊富な軍人だったのです。彼は以前に極東に配属されていました。几帳面で厳格であると同時に思慮深く――決断が遅いという者もいましたが――精力的で抜け目のないこの人物は、状況に合わせて与えられた任務を遂行することができ、目を見張るような大胆さを発揮してフランスの威信を高めることになる快挙を果敢に達成することができたのです。

最初の数カ月は失敗が目立ちました。パリの軍部は三月初旬から、すなわちこの地方に特徴的な激しい熱帯性の雨のなか本隊もまだ到着しないうちに行軍を開始する予定でした。そのために、沼地や密林に覆われた丘陵を渡る道路を建設することになりましたが、密林はわが国の兵士たちにはまったく手強い相手だったようで、兵士たちは土木作業員にならざるをえませんでした。灌木を切り開き、恐ろしい鰐から身を守りながら泥だらけの河を渡り、固くしまった粘土を掘り、切り立った丘の上に攀じ登る必要があるときには斜面で足を滑らせないことが同時に要求されました。それも、建設中の道路を見下ろす白亜質の断崖の上に陣取った残忍なホヴァ族の砲火のもとでのことでした。

その過酷な数カ月の間に、わが国の多くの兵士が亡くなり、遺体は急いで死体置場に山積みにされ、自殺者も多数出たことが最近わかりました。それらわが国の青年たちは栄光の夢を胸一杯に抱いて肥沃な土地へと出発したのです。彼らはいつ終わるとも知れない卑しい土木作業の重労働を強いられました。モルトロールのあなたたちは都会の人たちにもまして、不毛さが目にも明らかな土地で彼らが経験した苦しみを想像することができるでしょう。彼らはくじけませんでした。彼らは悲劇や犠牲のなかで、馴染みのない灼熱の太陽に圧倒されながらも統制を守りました。

一六六キロ進んだところで、隣接する斜面に固く身を潜めたホヴァ族の攻撃をかわしながら、ベチボカ河を渡ることを余儀なくされ、困難はさらにきわまりました。そのとき、多くの兵士が白兵戦の怖さを学びました。食糧が不足し、パン、新鮮な肉、コーヒーがない状況で、各自の配給も半分に減らされて体力も落ちていたのでなおさらです。

ついに、高台地帯に到達しました。しかし、敵は強力な武装で――簡素な投げ槍を手にした未開人だなどと思ってはいけません――わが軍の兵士たちをこの砦に近づけてはなるものかと待ち構えていました。六月二十九日、銃剣による戦いでフランス軍は大勝利を収め、ホヴァ族をアンドリバ（ここがそうです）に退散させました。フランス軍は九月にそのアンドリバに到達します。そのとき、苦難はいっそう厳しくなりました。装備がたいてい不十分だった救護車は満杯、生存者は、今や三三〇キロに達する道路沿いで、赤痢、マラリア、浮水腫に罹りました。その道路は橋を次々に建設しなければならなかった工兵たちの偉大なる活躍の結果です。

デュシェーヌ将軍はそこできわめて大胆な決断をします。ルフェーブル車を諦めて、生き残った四千人の兵士と五百人の御者を数珠つなぎにして迅速に進む軽装備の縦隊を編成することにしたのです。その男たちは、帯同する医者もなく食糧は二一日分をもつだけで、同じスピードで進むことのできない砲兵隊の助けも借りることなく、敵の砲兵部隊の砲火の中を前進し、その攻撃を攪乱し抑えることに成功しました。

十日後、軽装備の縦隊はアンタナナリヴから一五〇キロの地点まで広がる開墾された平原に到達します。敵の反撃をすべてはねのけて、わが国の兵士たちは都市の周辺まで達しました。都市は水田の上にそびえ立ち、バリケードや民家の背後に隠れる一万人の兵士たちが手中に収める多数の大砲と一二丁の機関銃で守られていました。アンタナナリヴは難攻不落との評判だったのです。

ここでまさに、メリニット爆薬を含んだ砲弾の威力を取り上げなければなりません。今回の遠征をとおして、その砲弾が勝利を決定づけたのです。九月三十日三時、デュシェーヌ将軍は数少ない大砲を上方に向けて配備させ、都市の爆撃を開始しました。メリニット爆薬が炸裂します。アンタナナリヴは火の海に包まれ、敵の砲列は口を閉ざし、砲弾は女王ラナヴァルナの住む宮殿のテラスにまで届いて、二十人ほどの人間を死にいたらしめました。都市は陥落、敵の政府は降伏を宣言し、フランスの三色旗が宮殿に掲げられました。デュシェーヌはすべての武器を明け渡すよう要求し、フランス人に敵対的だった首相を拘束させました。即日、彼は条約を押しつけて女王がそれにサインしました。条文はパリの政府が遠征の当初に決めていた内容どおりのものでした。

十月十日、したがって今から二カ月足らず前に調印されたその条約によれば、共和国がマダガスカル統治のあり方を決定することになっており、それはマダガスカルの外交関係の掌握や内政の管理を含みます。

私はこの最初の講演で、ごく最近の軍の偉業についてお話ししたいと思いました。それは、国内におけるいくつかの少数派による反対にもかかわらず、決意と大胆さをもってめでたくも再開された共和国政府の領土拡張政策を例証するものです。フランスの植民地建設を推進する偉大なる文明化の使命とそれにともなう様々な利点の広がりついては、またお話しする機会があると思います。今日のところは、軍事的な出来事そのものについていくつか考察するにとどめておきましょう。今回の遠征によってフランスは、今度こそしっかりとインド洋の海洋航路に足がかりをつくることができました（地図をご覧ください）。また、リシュリューのおかげでわが国の偉大なる世襲財産の一つとして考えることのできる領土に領有権を確立することができました。私は最近、急進派の国民議会議員であるエミール・ショータンが議会の演壇で、マダガスカルは「フランスによる領土拡張の約束の地」であり、「アフリカ大陸東岸の政治的監視」拠点であると表明したとの記事を新聞で読みました。

皆さん、普仏戦争敗北によって心や身体に痛みを味わったすべての人々は、この大きな島の征服と祖国のためにこの戦いを行った共和国の若い兵士たちの英雄的な活躍をとりわけ喜ばしくまた誇りに感じることでしょう。そのような気持ちがはるか昔の、しかし同様に英雄的ないくつかの出来事に根をもつことを示すある逸話について、そのうちまたお話するつもりです。それでは、お帰りの際には今宵の厳しい寒さにどうぞご注意ください。」

われわれ読者は、ここでしばし立ち止まり、このような講演が聴衆の地理的想像力にもたらした新しさを解き明かすことにしよう。

ここにいる二十世紀初頭の小学生のなかには、一八九五―一八九六年冬の講演会のことを親兄弟たちから聞かされていた者もいるかもしれない。

（二十世紀初頭のモルトロール。写真：オート＝ヴィエンヌ県議会、オート＝ヴィエンヌ県立史料館）
（Morterolles, début du XXe siècle.
Photo Conseil général de la Haute-Vienne—Archives départementales de la Haute-Vienne.）

第4章　聴衆の知識源は多様

世紀末にこのような講演を聴きにやって来た男女は、知識、好奇心、革新的な言葉を享受する能力によってじつに様々で、一つの聴衆がこれほど異なっていたのは少なくともフランスではかつてないことだった。

たしかに、モルトロールの聴衆の大部分は字を読むことができたし、少なくとも学校卒業時には字を読めるようになっていた。その点については、署名ができる人の割合や新兵の教育程度の割合および地元の学識者による調査によって確認することができる。一八八六年にはすでに学識者の一人はオート＝ヴィエンヌ県に住む人々の識字率を七〇・二％と推定している。それはフランスの県別の順位では八十六位〔最下位〕となる。だが、バス＝マルシュ地方は県の平均よりは若干高かった。全国の大部分よりも顕著ではなかったのはたしかだが、そうした明らかな成功は容易に説明することができる。十九世紀中頃から認識されはじめた読み書きの能力の実用性が、モルトロールではとくに識字率向上の最大の理由となっている。パリへの出稼ぎがとりわけ十九世紀中頃には大規模に行われていたが、読み書きの能力は明らかにパリ生活への適応を容易にしていた。

年につれ、とくにそうした「出稼ぎ労働者」の層で、通学が増加していた。教育視察によれば、通学は四年半の間に八カ月超に達し、就学年齢人口の八八・六％に及んでいた。それはつまり、秋の小収穫の際にとくに顕著だった児童労働への依存が減少していたということである。また、バス＝マルシュ地方に近いシェール県で行われた詳細きわまる調査によって、識字教育の発展と識字率向上のリズムは同じパターンの曲線を描くが、そのプロセスは社会・職業階層によっては同時に進行しないということがわかった。使用人や農業に従事する日雇労働者は明らかに遅れてようやく識字化されたのである。したがって、彼らの中でモルトロールの小学校教師の話を聴きにやって来た者はやはりごく少数だったと考えることができる。彼らは他の人々にもまして家に縛りつけられる仕事をしなければならなかったのだからなおさらだ。

ボモール氏の聴講者たちが文字を読むことができ学校では本を読んでいたと断言できるとしても、同様の確信をもって、全体を代表するとはいえない何人かの成人を例外とすれば、彼らはもう読書はしていないかほとんどしていなかったと言うことができる。それに関しては複数の証言が一致しているところだが、多くの場合、それらの証言が村民に対してやや軽蔑的な村役場のお偉方から出されたものであることは認識しておこう。バス＝マルシュ地方の田舎では読書経験は二十世紀中にやっと、それもきわめてゆっくりした速度で広まったのである。

オート＝ヴィエンヌ県で一九三〇年に行われた調査への回答では、田舎の首長たちの大半は住民が本を読まないと明言している。首長たちの説明では、住民たちは実務に追われて、自分たちには無縁の「知的で想像的な思索」に費やす時間などないのである。それに関して、ボワスイユの村長は村に図書館を建設する計画は「まったく無意味だ」と書いているし、ヌヴィック＝アンティエの村長は、住民は「半ば農民で図書館に通ったりはしないだろう」としている。サン＝ジュネストの村長にいたっては、いずれにせよ「田舎の人々に本を理解することなどできない」(1)と言い放っている。その半世紀前、ボモール氏がその村の学校で教鞭をとっていたことを思い起こそう。きわめて詳細な別の調査によれば、両大戦間期以前、すぐ近くのクルーズ県における書籍の需要に伸張はなかった(2)。したがって、一八九五年に教師の話を聞きにやって来たモルトロールの大人たちが読書の習慣をもたなかったことは明らかであり、読んでいたとしても最後の行商人が販売していた生活暦くらいのものだっただろう。生活暦では、実用生活に不可欠と思われる事柄がひとまとめに紹介されていた。様々な暦、一連の技術的アドバイス、行政に関する情報、あれこれの小話などである。

子供時代に行っていた活動を考えると、知識を習得する能力は世代によって大きく異なっていた。だとすると、各年齢層の人々についていくつかの疑問が湧いてくる。彼らは本を読むことができたのだろうか。彼らは何をどのような方法で読んでいたのだろうか。

逆説的なことに、明らかな文化的遅れが特徴となっているこのリムーザン地方においては、一八四〇年から一九三九年の間の読書の実践に関して数多くの質の高い研究がなされている。一八九五年において、モルトロールでは新聞は読まれていなかった。せいぜいのところ、調査対象となった聴講者のうち新聞――それも全国紙ではなく地方紙――の読者は片手で数えるほどしかいなかったと思われる。さらに、一九三五年と三六年における新聞の読み方ついて私が口頭で行った調査も慎重な判断を促している。新聞は当時ごく部分的にしか読まれていなかった。死亡欄や市況に関するニュースが他の記事よりもはるかに読まれていた。[3]

モルトロール講演会の聴衆における世代格差の最も大きなものは、知識の習得方法の進化に由来している。四十歳以上の人たちの中でも恵まれていた人たちは基礎学力、すなわち読み書き計算を身につけていた。子供の頃にすらすら読むことができれば、それが進歩につながった。ある視学官が記しているように、一八五〇年代末にはもはや以前のようにただひたすら音節の発音を勉強するというわけではなかった。一八六三年においては、一〇・八%の生徒が卒業後も相変わらず読むことができず、一一・五%はただ読めるだけにとどまり、読み書き計算の十分な知識を有していたのはわずか三八・五%にすぎなかった。

そうした中年の聴衆は、計画も時間割もなしに授業をする先生から教育を受けていた。彼らには専門の教科書もなかった。彼らはカトリックの教理問答書、宗教書、徳育書、あるいは当時行商人によって広く普及していた、フェヌロンの小説を翻案した小冊子『テレマック』などで読むことを学んだのである。

地元のある視学官によれば、基礎学力の修得のほかに、教師たちは「子供に勤労意欲を鼓吹し、整理整頓の習慣を植え付け、善良な感情を刺激し、性格を矯正させ、権威者に対する尊敬の念を学ばせるなど、要するに子供を神や社会に従って一人の人間にするべく務めなければならない(4)」のだった。それが第二帝政の最初の十年間に「小学校教師に割り当てられた」責務だったのである。地元の視学官たちはそのような教育の成功を自画自賛していた。それは、本書に関するところでは、重要なことである。ボモール氏の話を聞きにやって来た中年の聴衆の心に最初に押しつけられたこの道徳的刻印のおかげで、彼らは講演会の基底に横たわる倫理を受け入れる準備ができていたのだ。教師の言葉は宗教的な典拠とはまったく無縁だったが、それでもはるか昔の初期学習のおかげで彼らはそれを吸収することができたのである。一八九五年に四十歳に達したか、またはすでに越えていたモルトロールの男性も女性も、行商人が販売する本や冊子以外にはほとんど読むことができなかった。

聴衆にとって、文化的実践と想像的なものの領域における大転換は本の行商の衰退と消滅によってもたらされたが、再生することも、教養を身につけ口うるさくなった人々をもはや満足させることもできずに死滅したそのような文芸は、バス＝マルシュ地方の全住民にとってそうだったように、モルトロールの住民の想像力にその後も変わることなく糧を与えていた。

リムーザン地方の田舎で行商人が販売していた本来的なコレクションのうち、最も充実した第一項目に掲げられていたのは、祈禱書、時禱書、廉価版の聖書、福音書、使徒書簡、さらには『キリストのまねび』といった宗教書である。その他としては、まず小説が挙げられる。ベルナルダン・ド・サン＝ピエール『ポールとヴィルジニー』、『ロビンソン・クルーソー』、〔ヨハン・ダヴィッド・〕ウィース『スイスのロビンソン』、〔ジャン・ピエール・クラリス・ド〕フロリアンのいくつかの著作（寓話や『ガラテイア』など）、コタン夫人の小説、そしてフェヌロン『テレマック』が行商人コレクションにおける二番目の部類を構成していた。そこには、トロワで出版された『青本叢書』のコレクションを継承して、十九世紀に大人気となった小説作品も含まれる。『エイモンの四人の息子物語』、『コンスタンチノープルの聖ヘレナ物語』、『戯けたスカラムーシュ物語』、『ティル・オイレンシュピーゲル物語』、シャルル・ペローやオーノワ夫人のおとぎ話などがそれである。

このような文学は、宵の集いで朗読され、あらゆる年齢層の人々に理解可能なものとなっていたが、十九世紀中頃にはより実用的な発想の出版物に道を譲るようになっていく。『計算表による計算』、『パーフェクト書記術』、『新・パーフェクト牛飼い』、『新・蹄鉄のエクスパートまたは蹄鉄工ガイド』、『料理人中の料理人』、『新・医者いらずの医学』、『子供雑誌』などがそれにあたる。こうした雑多なコレクションに、この地方で普及した行商文学では初の歴史書、ル・ラジョワの古い『フランス史』をリモージュに拠点を置く出版者バルトゥとアルダンが翻案してつくった一冊が追加された。第二帝政初期、当時の重大な時事問題であるクリミア戦争を扱った小冊子数冊は、大きな裁判沙汰や「恐るべき犯罪」を伝える「ゴシップ紙」がもたらす情報の不足を補っていた。

この豊富な文学がその多様性によって地方に住む人たちの想像世界を幼少の頃からどれだけ豊かなものにしてきたかということについては語り尽くせない。その文学の効果を推定するには一冊の本を超える分量が必要だろう。

こうした田舎においては、一八七〇年代を皮切りとする行商文学の衰退と消滅は想像世界の時間領域の縮小というかたちとなって表れた。歴史上の伝説は多くの作品の舞台となっている架空の土地とともに消え去った。今やペローやオーノワ夫人の童話は幼い読者だけのものになったのだ。新たな境界線が人生の様々な年代の想像世界を区切るようになったのである。そのことを研究対象とする調査によって、キリスト教の教化の方法もそれと平行して変化し、『黄金伝説』で語られる奇跡の物語から距離を置くようになったことがおそらく証明できるだろう。

同じ数十年の間に、テクストが消耗する時間も加速した。学校図書館や公開図書館における蔵書の入れ替えは年長者から先行知識の優位を奪い、語り部が発揮する才気の価値を低下させた。もはや語り部が夢中にできるのは子供だけになってしまった。両大戦間期に新聞雑誌が不十分ながらも読みたいという欲望を満たすようになる以前、この時期の大人世代の文化的空間において、唯一生活暦だけが生き残った。

行商文学の衰退と識字教育の進展は、朗読による集団的読書を有益なものではなくしてしまい、宵の集いの内容を変化させ、老人たちの言葉を貧困にした。それはとりわけ――われわれにとっては読書よりも重要なことだが――そこで交わされる議論の内容を変えてしまった。行商文学によってもたらされていた糧を失った言葉は、人々、家畜、収穫、天候に関する物事に集約される傾向にあった。モルトロールにおいてはおそらく、そのような貧困化を阻止すべく講演会が企画され、それによって他のいかなる媒体も提供することのなかった新たな対象を議論に与えようとしたのだろう。

中年の聴衆が一八九五―一八九六年の冬の宵に意識的に探し求めにやって来たものとは、自分たちの想像世界を構造化する別の方法、彼らが新しいと感じる別の方法だったのだ。彼らは子供たちそして孫たちが学校で何を学んでいるのかを生涯にわたって知る必要性を少しずつ理解したのである。

その部分では、進行は段階的だった。それをよく理解するために、今度は一八九五年に二十歳から三十五歳だった聴衆について見てみよう。それら青年たちは第二帝政中期からジュール・フェリーが大臣に就任するまでの期間に学校に通っていた。無償かつ世俗《ライック》的な義務教育の学校を出た当時十六歳から二十歳までの年齢のボモール氏の教え子だった者については、教師が彼らに施した教育をすでに見た。その一つ前の世代の生徒たちが受けた教育もそれと根本的に異なるものではなかった。

それら若い大人たちが学校で授かった教育(5)は単なる識字教育を超えていた。この年齢層は一連の改革の恩恵を受けている。モルトロール周辺では、一八六〇年代後半から校舎が建設されはじめた。それ以前、田舎の先生はとくに教育目的というわけではない施設に生徒たちを集めていた。同時に、通学が一般的になりつつあった。したがって、その部分ではこの世代の人たちはみな子供時代の同じ記憶を共有しているのである。一八六〇年代後半から用いられた教育方法はそれ以前とは根本的に変化した。教師用のマニュアルが広まり、教師は授業を準備して生徒たちに説明を施すことができるようになった。試問のやり方も変わった。暗記ばかりが使われるようなことはなくなり、教師は理解力に訴えるようになった。教師はもはやおうむ返しの返答ではなく理解を求めたのだ。また、大学の権威によって認可された教科書がそれまでの雑多な寄せ集め教材に少しずつ取って代わった。学校で行商の本、生徒たちには理解不能で苦行を強いるような本が使われることはなくなった。要するに、子供たちは自分たちのためにつくられた本を手にするようになったのである。

一八七七年にオート＝ヴィエンヌ県の学校で使用されていた読み物の一覧表は、ボモール氏の講演会の若い聴衆がその十八年前にどんな本を手にしていたのかを明るみに出している。

バローの著作、『実践道徳読本』（一〇七校で使用）、『祖国』（五二校で使用）

ブリュノ（フィエ夫人）の著作、とりわけ『フランシネ』と『二人の子供のフランス巡歴』（一〇二校で使用）

ジュルマ・カロー夫人（リモージュ在住のバルザックの友人）の小説、『モーリスあるいは労働』と『ジャンヌあるいは義務』（四七校で使用）

ジャン＝バティスト・ド・ラ・サール、『キリスト教徒の義務』（二六校のみで使用）

まず、教訓じみた読み物の割合と、祖国、労働、実践道徳に与えられる重要性に着目しよう。ボモール氏の講演のテーマのうちの二つはそれら若い大人たちにとって何ら目新しいものではなかったのだ。そこには普仏戦争敗北の影響の一つを見なければならない。国の歴史上の主要人物、とくに中世時代に活躍した英雄たちの力説についても同様である。ある視学官は現状を嘆いて次のように書いている。「ある生徒は怠け者の国王は一人も忘れずに覚えているのに、ジャンヌ・ダルクについてはほとんど知識がなく、アンリ四世も知らず、フランス革命のことなど聞いたこともないのだから。[6]」歴史に対してすでに与えられていたこの重要性は強調されなければならない。ジュール・フェリーの学校に、それが作られる以前のことまで原因があると考えるのは誤りというものだろう。とはいえ、教科書はいまだに様々だった。〔エルネスト・〕ラヴィスの教科書は県下六一の学校ですでに使用されていたものの、農村の学校ではおそらくまだほとんど使われていなかっただろう。

ジュール・フェリーが公教育大臣に就任する前のその十五年間、宗教心の育成が地方の学校においてはいまだに優先されていた。[7]司教区の教理問答書は当時すべての学校に存在し、「聖史」は三七二校、福音書は一四九校で使用されていた。同様に、ダビデ詩編も三六校で読まれていた。

宗教心を浸透させる目的のそれらの本はボモール氏の講演会に先立つ十年間に学校から姿を消した。また、非キリスト教化した住民たちに施された宗教教育の有効性も疑わしい。人々が教会に行くのも「祝祭日」[8]や冠婚葬祭のときくらいのものだった。だがそれに関しては、含みをもたせたほうがよい。一八六四年には主にモルトロールの教会区信者であった二二二人の男女、すなわち成人人口の約半数が、常時聖体礼拝が行われる日に聖体拝領台に集まったことが知られている。[9]聖遺物の顕示が継続され、「九里《ヌフ・リュー》」と呼ばれる行列がモルトロールの近辺で行われた。当時、この田舎では自由思想家などほとんどいなかったということだ。住民の大多数はまだ通過儀礼を大切にしていた。出生から洗礼までの定められた期限はもはやあまり守られてはいなかったが、[10]洗礼を受けないのは動物と同じ状態にとどまることだった。[11]

第二帝政末期から一八八〇年代中期までの間の教育に話を戻そう。改革は教科書が圧倒的に使用されるようになったということだけではなかった。その時期、教師は生徒たちにちょっとした文体練習や読書ノートの作成を命じていた。ときには作文や「コンポジション」をやらせることもあり、そのテーマは主に歴史に関するものだった。県内の学校で「体験学習」や有名作家の作品から抜粋した文章の「暗唱」が行われるようになったのもこの頃のことだ。ボモール氏の講演会の二つの題目で対象となっている農業教育に関しては、まだ初期段階にとどまり、行われた場合でも園芸や樹木栽培を扱うのみだった。

繰り返すが、かつて同じ講演の聴講者である二つの世代がこれほどの溝で隔絶されていることはなかった。学校図書館の活用が、さらにその溝を深めることになった。学校図書館は一八六二年六月一日に創始され、徐々に各学校に作られていった。一八八〇年以降、学校図書館は「公立学校公開図書館」となった。当初高学年の生徒向けだった図書館は、やがて大人にも開かれるようになったが、大人たちは実際のところ図書館に通うことはほとんどなかった。図書館は学校の先生たちによって運営され、政府からわずかな予算を与えられていた。書籍は規定の棚に格納されることになっていたため、あまり使い勝手はよくなかった。そうした施設は時に市町村の援助や個人の寄贈に支えられていた。一八八三年には、県内の学校図書館は一万八八四一冊の蔵書を有し、二万三三二〇回の貸出を行った。生徒一人につきわずか一冊である。ボモール氏によって一八八六年度にモルトロールに設立された学校図書館でもその平均と同じだった。学校創設から四半世紀後にようやく図書館が作られたわけだ。

幸いなことに一八七七年に調査が実施され[12]、それに五十八人の教師が詳細な回答を寄せているが、それを見ると一八九五年に二十五歳から三十歳になる高学年の生徒や卒業したての青年がどんな本を好んだかがよくわかる。調査はその年に貸出された一九五三冊の本に関するものだ。教師十九人によれば、最も読者を集めたのは農業関係の書物だった。それには何の驚きもない。科学的な性質のそうした書物は、生活暦の実用的なアドバイスにもはや満足できなかった若者たちの関心を惹き付けた。また、首長の中には地元の農業改革推進を期待して政府からそうした種類の書籍を入手しようと努力した者もいた。

歴史書もそうした類いの本と同様に県内の学校図書館で人気書となっていた。第二帝政下で公教育大臣を務めたヴィクトール・デュリュイの『フランス史』やエドゥアール＝トマ・シャルトンの『図説フランス史』などがそうだ。読者はさらにまた国の歴史上の偉大な人物たちの伝記を愛好した。人気の順に挙げていくと、バイヤール〔十六世紀の騎士〕、ジャンヌ・ダルク、アンリ四世、ナポレオン一世、デュ・ゲクラン〔百年戦争で活躍した武将〕、テュレンヌ〔ルイ十四世に仕えた軍の司令官〕が並ぶ。戦場で活躍した、プルタルコス的偉人モデルに合致する英雄たちである。そこにクリストファー・コロンブスの名が加わる。リストは当時の学校での歴史の教え方を反映しているといえよう。ジャンヌ・ダルクも入っているが、モルトロールの講演会に参加した青年たちにとって彼女は未知の存在ではなかったということになる。

小説はオート＝ヴィエンヌ県の学校図書館に多数入っていたが、一八七七年においては歴史書と比べると明らかに人気は劣っていたようだ。いわゆる大衆文学——またはそれを標榜する文学——の名作はリストから欠落している。ジョルジュ・サンド、エクトール・マロ、いくつかの作品をこの地方に捧げたジュール・サンドー、ウージェーヌ・シュー、ヴィクトール・ユゴー、アレクサンドル・デュマ、ポール・フェヴァル、ポール・ド・コックらに対する賛同は皆無である。驚くべきことに、エルクマン＝シャトリアンもたった一度しか引き合いに出されていない。

読者の趣味はきわめて明確で、それは当時異国趣味が放っていた魅力を反映している。四人の小説家の作品が人気の大半を占めていた。ジュール・ヴェルヌ——十五回の言及——は本当の意味で熱狂を掻き立てたようだ。アフリカを描いた作品、とくにトンブクトゥ上空を飛ぶ場面でアフリカが描かれる『気球に乗って五週間』は、読者が好んだ唯一の作品として八回引き合いに出されている。他の三人は、『植物収集家』のトーマス・リード隊長——五回の言及——、『草原』や『海賊』が大人気を集めたフェニモア・クーパー、『クェンティン・ダーワード』や『アイヴァンホー』が何度か引き合いに出されているウォルター・スコットである。それらの作品にガブリエル・フェリーの『野生生活情景』や遠隔地狩猟の物語が加わるのだが、異国趣味、とりわけアメリカ生活の情景は一八七七年においてこの地方の若者たちの空想的なものに対する欲求を満たすものだった。一方で、メロドラマ、新聞小説の全盛期に都市住民たちの心を躍らせた大衆文学は、すでに流行遅れになっていたのか、そうした若い読者の興味は引かなかったようだ。

遥か彼方の土地が醸し出す魅力はここで重要である。ボモール氏は、異国趣味の想像世界を植民地部隊の方へ傾けようと、その魅力に賭けた。その試みの意味については後述するとしよう。このおずおずとした変化は、ちょうどいわゆる「冒険」文学——括弧付きの——が自立し始めた時期にもたらされた。冒険文学は、植民地化された領域の縁辺、文明から遠く離れた場所に位置する海外諸地域への新たな関心を表している。つまるところ、地球上をめぐる想像世界の歴史はきわめて複雑である。というのも、学校図書館の若い利用者たちが好んだ本の中には、一八七七年の時点で行商小説に由来するテーマの作品が生き残っていたからだ。サバイバル冒険物語の成功——『ロビンソン・クルーソー』、『十二歳のロビンソン』、七回の言及がありジュール・ヴェルヌも手本にした『スイスのロビンソン』——はそうした伝統が残存していたことを示している。若い読者が最も愛好した作品リストに含まれている『村人たちの宵の集い』(作者不詳)は、これもまた伝統的嗜好が残っていたことを示すものだ。

学校図書館についての一八七七年の調査によって忘れてはならないのは、生活暦のほか、学校教科書や成績優秀者に授与式で与えられた書籍が当時、家で大箱や戸棚に仕舞われていた主要な本だったことである。(13) だからといって、モルトロールの住民がそれらの本を読んでいたというわけではなく、それはたとえ彼らがときに生涯にわたってそれを大切にもっていたとしてもそうなのだ。そうした書物が珍重されたのは、それが若い世代の人たちの教育の進歩を象徴するものであり、古い世代の人たちには読むことが難しいと思われたからである。

ジュール・フェリーの教育改革に先立つ十五年間にモルトロールで育った一人の新兵が有した知識は、彼の両親のそれとは根本的に異なる。彼にとって読書は、快楽にはほとんど結びつかない嫌気がさすような機械的作業ではなくなっていた。彼は概ねまともなフランス語で文章を書くことができた。彼の心的世界は、学校で使用したり図書館で借りたりする読み物によって拡大した。フランスの地理や歴史上の偉大な人物の生涯も未知のものではなくなった。受けた教育のおかげで、彼は老女たちが語るおとぎ話や長年にわたってリムーザン地方の農民の想像世界に重くのしかかってきたと思われる迷信を自分の頭から追い払うことができたのだ。

最後に、都市やごく限られた農村に建てられた公開図書館の貢献、よく研究されているその貢献について見てみよう。モルトロールの住民が図書館に通ったとは考えにくい。本を読むために町に出るなどということは彼らの生活習慣に馴染まなかったにちがいない。せいぜい考えられるのは、少年やとりわけ小間使として配置されていた若い少女の何人かが図書館で本を借りてみようという気になったかもしれないということくらいである。それに関して、私が一八七二年におけるブリーヴの公開図書館について行った研究の結果によれば、利用者は、道徳、経済、哲学、宗教、科学についての本を尻目に、もっぱら読書に逃避の可能性、世界発見の大いなる展開への想像力による参加を期待していたことを指摘しておこう(14)。

今度は講演者の方に目を向けてみよう。彼が読むことができたのはどんなものだったのか、また彼が読んだと思われるのはどんなものだったのだろうか。ここでわれわれは可能性の領域に、したがって不確かな領域に足を踏み入れることになる。彼の出身地——モルトロールに近いバス＝マルシュ地方の村、マニャック＝ラヴァル生まれ(15)——、出身階層、年齢を考慮に入れて、これまで見てきた内容に照らし合わせると、彼が学校で受けた教育を想像することができる。また、彼は優秀な生徒だったので、彼が借りて読んだ本も想像することができる。高等師範学校時代、彼は学校にあった図書館の本を利用することができた。専門叢書が生徒向けに備えられていたことがわかっている。この当時の教員を目指す生徒たちの想像世界を知るためには必読の『高等師範学校図書』と題されたシリーズが創刊される前のことである。

一八八五年にボモール氏が着任したときには、モルトロールに学校図書館は存在しなかった。その翌年、視学官が準備中の図書館があることを明らかにしている。図書館にはすでに書棚が備えられていたが、まだ本はなかった。一八九〇年以降、在架図書は一〇八冊、すべて良好な状態にあった。その数はボモール氏が講演を行った一八九五年の冬まで変わらなかった。四〇冊から一三二冊の間で揺れ動いた貸出数からすると、「公開学校図書館」を利用していたのはせいぜい二十名程度だったと考えられる。それはおそらく、高学年生、卒業したての若者、中心地に住む小エリートのうちのごく数名だっただろう。ボモール氏は選書を導くべき立場にあったので、自身も学校図書を読んでいたと思われる。

年につれて、彼は常用辞典を参照するようになったと考えられる。常用辞典にはまず、ピエール・ラルースの『十九世紀万有辞典』が挙げられるが、それよりも古い「ベシュレル」〔万有辞典〕もおそらく参照されただろうし、あるいは一八九五年以前に出版された『万有百科事典』の最初の数巻もそうだったかもしれない。可能性は低いと思われるが、彼は良き教師としてフェルディナン・ビュイッソン〔ジュール・フェリーの協力者として、初等教育局長を務めた〕の『教育辞典』を参照したとも考えられる。[16] 彼が〈リムーザン地方農業協会〉の雑誌を受け取っていたことはわかっている。雑誌が県内の全教員に送られていたからだが、彼は果たしてそれを読んでいただろうか。様々な圧力団体から送られてくる雑誌についても同じことがいえる。その点に関しては、結成されたばかりの〈フランス植民地連合〉のプロパガンダについて後で触れることになるだろう。その他では、ボモール氏がリムーザン地方で最も才気溢れる碩学によって編纂された『デュクルティウーの生活暦』をもっていたということも考えられる。

モルトロールの教師は近郊のベラックやル・ドラに作られた図書館に通っただろうか。そう考えることはできる。彼はどこかの学会の会員だっただろうか。また、同僚の何人かのように、モルトロール村についての研究論文を書いただろうか。そうとは思えない。彼はどんな旅行をしただろうか。彼自身はどんな講演会を聴きに行ったのだろうか。本書の進行に沿って、それに関してありえそうな物事を努めて想像してみよう。

第5章

「愛国心について――自由・博愛・連帯と祖国防衛」（第2回講演）

「今日は私が思うにこの講演会で取り上げる最も重要な対象となるものに取り組んでいきます。私がお話ししたいのは、祖国や愛国心についてです。ジャンヌ・ダルクやシャルロット・コルデーといった過去のヒロインたち、ヴァルミーの戦いの戦士たち、また、スーダンで勇敢にも戦っているわが国の兵士たちをいずれご紹介するときに、私がそうした主題を念頭においていることがよくお分かりになると思います。祖国への愛という美しい感情について少し考えてみましょう。

どんな人も本性として、自分の生まれた場所、よちよち歩きを始めた家、幼い頃に遊んだ庭、窓から眺めた木々、中庭や近所の野原で飛び跳ねるのを見た動物たちに愛着を抱いています。人は少しずつ集落の路地や町の街路を発見し、教会やその鐘楼を目にしました。あれが村役場だと教えられました。手工業者の露天や店に通いました。近所の人たちと接触を結びました。家のすぐ近くにあって走り回った野原や畑は、頭の中でその所有者の人柄と照らし合っていました。両親と祖先の墓を訪ねました。必要な場合には、納屋や家畜小屋は祖父が建てたものだとか、祖父が井戸を掘った、庭のこれこれの木を植えたのだなどと教えられもしました。皆さんの何人かにはかつて学ばせたことのある大詩人ラマルティーヌの詩句の美しさを、あなたたちが感じ取れるのはそうしたことが理由なのです。

生命なきものたちよ、おまえたちにも魂はあるのか
われわれの魂と結びつき、愛することを強いる魂が

これは『ミリーあるいは故郷』という題名の詩の一節で、この偉大なる共和派の出身地であるマコン地方の小村を歌ったものです。

こんな話をしたからといって、皆さんに何かを学んでもらおうというのではありません。そうではなく、このような愛着の力を皆さんに意識してもらいたいのです。鐘の音を聞いただけで、人は感動に震えます。それは、人がずっと以前からその音を知っているからです。鐘の音は家族に起った慶事や弔事を思い出させます。国外であるいは単に生まれ故郷とは離れた場所で、各々の人間はそうした数々の根源的な絆の追憶に心を躍らせます。

その愛着から、私たちの「小さな祖国」に、すなわち村に私たちを結びつけるより豊かな愛

着が生まれます。皆さんは村のありとあらゆる小集落の知見を少しずつ広げ、村道やほんの小さな小道もくまなく歩いてきました。年につれ、村の野原や畑をわがバス＝マルシュ地方の特色である生垣や石塀などものともせず、自由に歩き回れるようになりました。宵の集い、伯父さんや従兄弟や友人たちが集まる家族の宴会、結婚披露宴のような祝賀行事、新兵の集会、また最近では若者たちが自転車でやって来てはカフェや宿屋で酒を酌み交わし歓談したり、新たにできた団体に所属して好きなスポーツに興じたりするなどしていますが、そうしたことは小さな祖国への愛着を深めるばかりです。ドイツ人もまた——よく聞いてください——そうした物事には敏感で、ドイツ語にはそのような愛情の抱き方を指す「ハイマット」という語が存在します。ドイツ人に負けてはいられません。

皆さんの中のかなり若い人たちについては、その人たちが学校に通っていた頃、私も他の先生たちも小さな祖国に対するこのような愛を育もうと努力しました。体験学習では、モルトロール村をあちこち歩いて村の植物や動物を見つけては観察しました。わたしたちは何時間もかけてそこにいた「害虫」、人間や作物にとって危険な虫を駆除しました。何キロものコガネムシを捕まえ、リンゴの木からヤドリギを取り除き、マムシを見つけて殺そうとしました。

村の歴史を書き記そうと忍耐強く勉強し長い時間をかけて研究を行ってきた博学な教師や立派な学会の会員が多数存在します。あまりよく知らなくても皆さんがたいそう尊敬している人たちです。わたしたちの小さな祖国に対する愛着を養う、そのようなあまたの碩学たちを誇りに思いましょう。私はといえば、残念ながらまだそのような郷土研究と呼ばれる著作を書くにはいたっていません。

今からちょうど十年前、私がモルトロールに赴任した年に、わが麗しい郷土の碩学の中でも最も傑出した人物であるポール・デュクルティウーがこの地方についての大著を出版しました。著者は巻頭でその本が「郷土の歴史を知らしめ、この小さな祖国に対する愛を抱かせることを目的とするものである」と書いています。彼は百年戦争でリモージュがイギリスのエドワード黒太子によって凄まじい略奪を受けた史実を語っていますが、その略奪の際にはリムーザン地方の人々の勇気、自己犠牲、抵抗の精神が見事に発揮されました。私としては、ベラックやリモージュに旅したとき、学会、愛好会、新聞、雑誌が近年になって次々と設立・創刊されているのを目の当たりにしましたが、それらはすべて、緑豊かで、人に優しく、心休まる魅力に満ちた、わが小さな祖国、わがリムーザン地方に対する愛を育むことを目的としたものです。

やがて、若い出稼ぎ労働者や新兵の人たちにとっては、その領域を超えて郷土愛を大きな祖国が抱かせる愛に結びつけるときがやってきました。町から町をわたりながら、首都に暮らしながら、彼らは過去にフランスの栄華となった物事を発見しました。学校ですでに、私はこの中でとくに若い人たちにはフランスの英雄や偉大な人物たちについてお話ししました。皆さんはそのような歴史への関心を保持し、今夜ここにいることによって、わが麗しい祖国について、その地理について、その多様な資源について、その礎となった人たちや子孫についてもっと知りたいという欲望を証明しています。この中には、私が学校で読本として使用した『二人の子供のフランス巡歴』という題名の小品を読んだことがある人もいるでしょう。その人たちはその本の中に、わが国の資源の多様性や全国各地に散らばる偉人の数を驚きや喜びとともに発見しました。皆さんの多くは旅や都市への滞在をとおして数多くの美しい彫像を目にしたことでしょう。そうした彫像はわが軍の英雄の偉大さ、わが国の偉大なる作家や芸術家たちの才能、われらが首長たちの献身を顕揚するために近年ここかしこに建てられたものです。

数年前から、わが国の兵士、行政官、入植者がフランスの威信を海外に広げようと再び熱心に取り組んで、成果を収めていることはすでにお話ししました。

過去の歴史は、祖国への愛着がはるか昔に遡ることを教えてくれます。それは、私がこの先でお話しするジャンヌ・ダルクの時代よりもずっと前のことです。古代ギリシャ人、さらにはまた古代ローマ人は祖国のために死ぬ覚悟ができていました。彼らは祖国のためにすべてを捧げる義務があると感じていたのです。祖国に命を捧げた英雄は祭典で称揚されました。彼らの犠牲は賞賛を受け、記念されました。壮麗な墓碑、円柱、記念碑がその記憶を維持していました。

近年、わが国でも最近の戦争で戦死した名誉ある兵士のために記念碑が建てられているのを目にします。それはまさに感動的です。リモージュにも美しい記念碑があります。わが祖国がつねにハプスブルク家、イギリス、プロイセン、ロシアに脅かされてきたことを決して忘れてはなりません。今世紀初頭、フランスは欧州各国による侵略に直面しなければなりませんでした。国を防衛する意志がなければ、領土を保持し、両親や妻子ら家族を保護するために必要とあらば究極の犠牲も辞さないという覚悟がなければ、祖国は存在しません。

皆さんの中にはおそらく、そうした感情のすべてを人類全体に広げるのが望ましいと心の中でつぶやいた人もいるでしょう。大小の祖国だけに限られた愛情と私たちを人類全体の運命に結びつけるあらゆる物事との間には矛盾があるのではないかと思った人もいるでしょう。私としては――私はその点で二年前大量に下院に当選したあの社会主義者たちの一部に躊躇わず賛同するのですが――自分の祖国を心底愛する者は祖国のことを気にかけない者よりも人類への愛情を自身の中で育む心構えができているのだと思います。だとすれば、わたしたちは感情の階梯をひとつひとつ登っていかなければなりません。

祖国への愛が自ずと外国への憎悪を意味すると思ってはいけません。その点でフランスは特別かつ特権的な状況にあります。フランス人にとって祖国を愛することはすなわち、自由、博愛、連帯といった、フランス革命と共和政が私たちに伝えたあらゆる普遍原理に強い愛着を感じることであり、それが市民というものをつくり上げるのです。

最近、モルトロールの近隣でも、しばしば浮浪者や物乞いとつるんで田舎の災いの種となっている輩、無政府主義者を自称し、畑や木の下に集めた少数の聴衆に向けた演説で私の話と反対のことを言いふらそうとしている輩がいます。しかし、フランスに悲憤慷慨をもたらした昨年の大統領〔サディ＝カルノー〕暗殺とテロで、連中の言葉がどこに行き着くかお分かりになったでしょう。

祖国の偉大さは、祖国を形成する人々の美徳、市民性、道徳性の総体がなければ、ありえません。ご年配の方々が最初に読んだ本は『フランシネあるいは実践中の道徳』だったでしょうが、その人たちは私の言うことがよくお分かりになると思います。その問題については、またお話ししましょう。

祖国を愛するということは、まず祖国を守るという心構えをもつことですが、それは子供の頃からそうあるべきです。だからこそ、今から十三年前[1]、偉大なるポール・ベール〔一八八一年末から翌年初頭にかけてジュール・フェリーに代わって公教育大臣を務めた〕の発案によって学童大隊がつくられたのでした。残念ながら、本県では実現しませんでした。発想はよかっただけに、悔やまれます[2]。しかしながら、リモージュ高等師範学校や、指導員がいる場合にはいくつかの村の上級生にも銃が配布されました。残念なことに、モルトロールの学校は銃の配給の恩恵は受けませんでした。

愛国主義的な祭典の開催は幸いなことに継続されました。学年末の七月二十八日と八月四日、ベラックで行われたフェスティバルはとくに華々しいものでした。参加した方々はそのときに歌われた唄がまだ耳に残っていることでしょう。私が思い浮かべるのは、対独報復を呼びかける唄ではなく、『祖国』と題された唄のことです。その第一節は国土を称揚し、第二節は聴衆の各々に労働によって祖国の偉大さに貢献するよう呼びかけ、第三節は植民地拡張を讃えていました(3)。

平和の精神が広まっているようにも思えますが、ドイツ、また植民地においてはイギリスが、相変わらず脅威であることを忘れてはなりません。産業化、そうした国々の発展、そこで開花する科学の進歩、潜在的敵国の人口増加を前にして、心構えをもたなければなりません。県議会議員のクロネル伯はご承知のとおりモルトロール近郊に在住ですが、彼が指揮するわれらの栄光ある機動憲兵隊をお手本にして、いざとなったら祖国の防衛と名誉のために命を捨てる覚悟で備える必要があるのです。クロネル伯は隊員たちの功績を『オート＝ヴィエンヌ県機動憲兵隊回想録』という書物の中で伝えています。ペラ＝ド＝ベラック村立図書館にありますが、私もそこでその本を読みました。いざとなったら自分の命を犠牲にしなければならない。あなた方の多くは同時に兵士でもあり農民でもあるので、それだけにいっそうの献身と忍従が求められます。ところで、農民は存在そのものが大地と結びついており、他の人々にもまして祖国の大地の神聖な性格をよく知っています。その大地は彼らの汗によって、そして場合によっては彼らの血によって豊かにされるのです。

祖国への愛――すなわち愛国心――は、英雄を生み出すことのできる、また、わが共和国に分裂をもたらすあらゆる要因を封殺することのできる唯一の感情、唯一の力です。祖国のために命を捧げる者は、祖先の遺産、とりわけフランス革命の遺産を、それが自分の死後も存続し自分の子供たちの導き手となるように、守っているにすぎません。この大きな問題について、皆さんは今晩よくお考えになるにちがいありません。」

エピローグ。そのわずか十九年後、第一次世界大戦が勃発し、モルトロールの小学校教師の言葉を包み込み、忘れさせた。

講演を聴いた年配の人たちはすでに亡くなっていた。若者たちは塹壕で戦った。それ以外には、近親者の死を嘆くはめになった村の女性や男性が大勢いた。今日、第一次世界大戦の戦死者に捧げた村の記念碑は「祖国のために亡くなった」四十名を記している。その数は入隊年齢の男性人口比では全国平均を上回る。

第6章

「共和政のために命を捧げたヒロイン、シャルロット・コルデー」（第3回講演）

「皆さんは――大きな話題となりましたし、その頃パリにいて見に行った人もいるかもしれません――万国博覧会をおぼえているでしょう。六年前に開かれ、エッフェル氏の巨大な塔が今もその記憶を残しているあの万国博覧会です。同じ一八八九年に共和国はフランス革命百周年を盛大に祝いました。私はどうしてもそのイベントに参加したくて、首都に向かう列車に乗りました。

パリ滞在中、私はとくにカルーゼル広場の〈フランス革命歴史展〉を訪れ、そこでフランス革命に登場する女性たちの中でもシャルロット・コルデーに与えられている重要性に感銘を受けました。私は生徒たちにご褒美として彼女の肖像入りのイラストを配ったこともあります。

子供の頃、私は歴史の本の中でシャルロットの死の物語を感動しながら読んだものでした。穏健な共和政の実現のため勇敢にも自らを犠牲にした、大コルネイユの末裔ともいうべきシャルロットの物語を。その後、高等師範学校では『ジロンド党史』というラマルティーヌの素晴らしい本を読んで心を揺すぶられました。祖国や国民の栄光に忠誠を誓い、そのために決然と自らの命を捧げたこの天使のような女性の人物像を偉大なる共和派が描いたものです。彼女が夢みたのは、フランス人を和解させること、国民の団結を容易にすることでした。今日かつてないほど私たちの願いとして必要とされているのもその国民の団結です。そんなわけで、私はこの英雄的な若い女性のことをお話ししたいと思いました。結婚式のときに役場で目にするマリアンヌの胸像はわが共和国を象徴していますが、彼女はジャンヌ・ダルクと並んでわが共和国のパンテオンに入るに値します。

しかしながら、その高名な二人の娘の間の相違に私は以前から困惑を感じてきました。ジャンヌは自らの手で人を殺しはしませんでした。マラーを暗殺したシャルロットは、犯罪者として行動を起こしました。彼女の行いを正当化しようと暴君誅殺権、つまり圧政者を殺害する権利を持ち出す人もいましたが、あまり説得的ではありません。たしかにマラーは残忍で冷酷非道ともいうべき人物で、犯罪の煽動によって恐怖政治の最悪な残虐行為を予告していました。彼は、私たちが望む穏健さ、今の共和政がその創始者たちの姿とともに体現する穏健さとはかけ離れた共和政を代表していました。とはいえ、私たちは敬愛するサディ゠カルノー大統領の暗殺〔一八九四年〕が引き起こした悲憤をやっと乗り越えたばかりで、兇刃による流血を自ずと非難しないわけにはいきません。

そのような互いに相容れない感情や思いを調和させるには、事実に立ち戻る必要があるでしょう。オージュとよばれる地方に生まれたシャルロット・コルデーは、オルヌ県の末端貴族出身のエリートでした。二十五歳だった彼女は、ジロンド党と呼ばれるあの穏健共和派の発祥地の一つであるカーンに住む従姉妹の家で暮らしていました。十三歳からベネディクト会派トリニテ大修道院で寄宿生として洗練された教育を受け、それによって敬虔で、教養のある、古代ローマの英雄たちに夢中の娘に育ちました。言うまでもなく、彼女は純潔でした。それゆえに、彼女の死後、人々はオルレアンの乙女〔ジャンヌ・ダルク〕の偉大さをカーンの乙女の偉大さに結びつけたのです。

貴族ということから、あの一七九三年の時点で彼女はフランス革命の敵だと思われたかもしれません。ところが、まったくそうではありませんでした。シャルロット・コルデーは熱心な共和派として頭角を現しました。しかし、すでに言ったとおり、彼女は穏健な共和政を希求していました。七月初旬、彼女はカーンに集結したジロンド党の仲間が山岳派と呼ばれる人たちの専制から国を解放しようとパリに向かう計画を立てていることを知りました。七月十一日、シャルロットはその一群の先回りをして、あらゆる残虐行為を象徴していると思えたあのマラーを祖国から取り除こうと決意します。

七月十三日、紹介状を手にした彼女は、やがて犠牲者となる男、重い病に罹っていると噂されていた男が入浴している部屋に苦もなく入り込むことができました。彼女はその不幸な男を力のこもった巧みな一刺しで殺しました。殺害現場から逃れた彼女は、当時その界隈だけでなくパリ中に大勢いたマラーの仲間によってすぐに捕えられました。

シャルロットは誇りある態度をとりました。牢獄で書いた手記で自らの行動を説明しました。七月十七日、彼女は裁きを受け、そして処刑されました。すらりとした体躯、顔立ちの美しさ、姿勢、冷静さ、裁判の間も、さらにはまた断頭台に移送される間も彼女がみせた勇気、死刑台での態度。目撃者たちはそれに感銘を受けました。シャルロットには唖然とさせられたのです。

マラーの葬儀が盛大な催しの対象となる一方で、多くの人々が彼女の行動を理解しようと試みました。一種の自殺行為として解釈する人もいました。また、独身女性の憂鬱を強調する人もいました。さらには、恋人の仇を討ったのだとする人もあれば、共和国を救うためシーザーの暗殺に加担したローマ人ブルータスの行動の記憶に導かれたのだと想像する人もいました。キリスト教徒の中には、彼女の殺人を聖書で恐ろしいホロフェルネスの首を斬り落とすユーディットの殺人になぞらえる人もいました。

もっと単純に、あの一撃の中には、自分が夢みていた穏健共和政を勝利に導くため自らを犠牲に捧げた英雄的な少女の行動を見るべきでしょう。モルトロールに住む皆さんが読む機会がないのは幸いですが、今日、大手の新聞雑誌では許しがたい罪が花盛りです。私はベラックでシャルロットに対する非難の声が新聞紙上であがっているのを見つけました。ある学者は彼女を異常者、精神薄弱者、生来の弑逆者――つまり、権力をもつ人間を生まれつき殺すように運命づけられているということです――、ヒステリー患者などと見做そうとさえしています。幸いなことに、中にはそのような愚かな考えを正す人もいます。

一七九三年にはすでに、恐怖政治の信奉者たちはシャルロットを怪物、傲慢な変質者、狂信者に仕立て上げようとやっきでした。彼らは彼女をヒドラや女虎にたとえました。彼らは彼女が男性に対する並外れた欲望、当時子宮の発作と呼ばれていたあの病に冒されていたのだと言い立てました。それらはすべて不発に終わりました。敵側にとっては、悔悛を一切拒否したにもかかわらず、裁判で彼女が傍聴人を魅了したその態度によって巻き起こった、称賛ではないにしても、同情の波を食い止めることが必要だったと言わなければなりません。

おそらく最も感嘆すべきは、シャルロットが教養あるカトリック信者の貴族であると同時に共和政の信奉者であったということです。そのことによって、彼女の記憶はジャンヌの記憶以上にフランス人すべて、愛国者すべての団結に寄与し、この一八九五年末にはしっかりと根を下ろしたわが共和国の本性そのものを象徴することができるのです。その観点からすると、マラーに対する襲撃は、いかにおぞましいことであれ、礎石となる行為として考えることができます。学校でそれを紹介するのは良いことでしょう。

シャルロットの記憶はジャンヌの記憶と同様に、普仏戦争敗北後よく引き合いに出されました。あの頃、フランスは自らの歴史上の崇高で英雄的な人物たちを呼び起こすことによって勇気を取り戻す必要があったのです。偉大なるガンベッタの側近だった共和派たちの目には、シャルロット・コルデーは社会のあらゆる階層からやって来て自己犠牲によって国の栄光に貢献した人々の態度を代表する――さらには体現する――人物として映ったのです。今や彼女はフランス史の一部となっています。彼女は反抗力や行動力によって模範となっているのです。

三年前、教皇レオ十三世はカトリック信者に共和政への加担《ラリマン》を呼びかけ、一定の成功を収めています。その観点からすると、シャルロット・コルデーはそのような回帰を容易にするに他ならない和解のヒロインとして立ち現れてきます。また、彼女はイギリスやドイツにおいてすら歴史に関心をもつすべての人たちによく知られています。

私は、皆さんが今夜帰宅途中に道々あるいは宵の集いでそうしたことについて議論するものと確信しています。おそらく皆さんの全員が私に賛成だというわけではないでしょう。バス＝マルシュ地方では貴族があまり好まれていないのは知っています。しかし、シャルロット・コルデーが今日わが共和国の肖像となっていることは忘れないでください。」

第7章　「ジャンヌ・ダルクは誰のものか」（第4回講演）

「皆さんは一四二九年にフランスを救うために立ち上がった十九歳の少女の偉業やあらゆる苦難をご存知でしょう。皆さんはそれを学校で習ったり、宵の集いやおそらく教会でその話を聞いたりした人もいるでしょう。今夜は、私が生徒たちにしている話を繰り返すつもりはありません。私の個人的なお話から始めたいと思います。子供の頃、私はジャンヌの生涯を共和派の偉大なる博学であるジュール・ミシュレが書いたフランス史の概説書で学び、その後、図書館で教科書の文の出典となっている著作のすべてを読むことができました。著者はジャンヌの人物像を見事に描いています。モルトロールの住民のあなた方のようにか弱く、控えめで純粋なこの農家の娘は、彼の目には民衆の代表、言い換えれば、歴史をもたないすべての人々の声なき無数の群衆の代表のように映りました。

しかし同時に、彼女は偉大でもありました。彼女の英雄的行為は自発的な発露としてなされました。それは下からわき上がってきたものであり、ヴァルミーの戦いにおける見事な勝利についていずれお話しするつもりですが、そこでご紹介する英雄的行為の下地となるものです。ジャンヌは初めて民衆的熱狂を掻き立てることができましたが、それは彼女が中世の只中で祖国の偉大さをなす道徳性を具現したからです。

そうしたことのすべてについて、私は強調したいと思います。ジュール・ミシュレはより詳細に書いていますが、「この若い農婦の魅力的でいじらしい人柄」は天使の人柄なのです。「その天使は民衆であり、か弱く、私たちであり、すべての人々である」。中世という暗黒時代にあって、そこにはすでにフランス国民の萌芽があります。彼女の勇敢な行為は、一七八九年七月十四日のバスティーユ襲撃につながる革命派群衆の自発的行為を先取りするものです。ジャンヌ・ダルクについて皆さんの前でお話するとすれば、フランス革命、国民国家、革命記念日そしてヴァルミーの戦いに言及することになります。それらのことを思い浮かべて、私はこれまで時に目に涙することもありました。

ところで、最近になってカトリック教会はこのジャンヌを自分たちのものとして聖女に化そうとしています。カトリック教会がその拠り所とするのは、あの有名な聖カトリーヌや聖マルグリットの声です。ジャンヌは聖女たちの声を何度も聞いたと言っています。とくにロレーヌ地方の故郷ドンレミ村では、家のすぐそばにあった妖精の樹の根元に腰を下ろしたとたん、近くからその声が聞こえてきました。そのことを理解するには、不可思議なものに満ち満ちていた中世時代の男女が信じていたことを考慮に入れる必要があります。ジャンヌにおいては、それが、医師たちのいうところの幻覚を引き起こしたのかもしれません。

リムーザン地方全域でそうですが、このバス＝マルシュ地方でもそのような信仰が残存しています。ある力が木々に付与され、その木々に同一化する人たちもいます。木の枝に衣類の切れ端を引っ掛けて、病気の快癒を祈願します。森の中を巡礼したりします。ジャンヌをペテン師よばわりするのはやめましょう。それはただ単に過度の純真さ、素朴さのせいなのです。彼女は、司祭が迷信と呼ぶものから唯一脱することのできた当時数少ない特権階級には属していませんでした。

そうしたことをジュール・ミシュレに続いて私に教えてくれたのは学者たちでした。古文書の山で目を酷使しながら、彼らは等身大のジャンヌを私たちの目の前に蘇らせる真実にたどり着いたのです。彼らは、カトリック教会や王党貴族の伝統を支持する人々が主張するのとは反対に、ジャンヌの使命はシャルル七世をランスで戴冠させることだけでなく、「イギリス軍をフランスの外に追い出す」ことだったということを示してくれました。彼女が先導したのは、解放戦争だったのです。そのことは、ルーアンの旧市場広場に設けられた火刑台に彼女を送ることになった一審の裁判記録を読むとよく分かります。

一方で、王党派、教権支持派、伝統を標榜するすべての人々は、名誉回復の二審にこだわります。二審は一四五五年、つまりジャンヌの死から二十六年後に行われましたが、国王の支持者たちによって故意に歪められました。実際のところ、オルレアンの乙女は国民の力を生み出すことができたのです。そのおかげで、彼女の最初の軍事的成功や彼女の死のずっと後にイギリス軍は最終的に駆逐されました。この国民解放が首尾よく行われたのも、彼女の犠牲のおかげなのです。その点において、か弱く貧しい十九歳の少女はわれわれ男性すべてにとって乗り越えがたい手本となっています。

ジャンヌの使命やそのメッセージの重大さを私たちに理解させたのは、ずっと後になって起こった数々の出来事です。ご承知のように、祖国の歴史を可能なかぎり正確に知ることはフランス人すべてにとって義務であると、私は学校で口を酸っぱくして言ってきました。これほど多くの皆さんが私の話を聴きにきているのも、そのためでしょう。それゆえに、私は幸いにもその著作を読むことができた歴史家たちに賛同して、次のように申し上げるのです。フランス革命はオルレアンの乙女と呼ばれる女性の崇高なる行いの中に胚胎していたのだと。

ところが、すでに言ったとおり、オルレアン司教区司教を長年にわたって務め、それによって一四二九年のジャンヌとその軍によるオルレアン解放を記念する式典の主催者でもあったデュパンルーの策動に引き続いて、カトリック信者は、ジャンヌはみんなのものであると繰り返しつつも、まず第一には自分たちのものだと主張しています。皆さんが通う教会の中でもそのような話をおそらく聞いたことがあるでしょう。しかし、それが偽りであることはすでに指摘しました。そのような人たちは、シャルル七世の正当性を回復するために神が単に武力としてジャンヌを送ったのだと信じ込ませようとしているのです。彼らは少女の宗教的献身や貞節の遵守の方が祖国への愛よりも重要であり、彼女は何よりもまず自らの信仰心による殉教者なのだと主張します。そのような観点から、われらのヒロインを列聖に加えようと最初に考えたのは一人のドイツ人でした。

カトリック信者は二十五年前からその主張どおりにジャンヌが祭壇に掲げられるよう祈願しています。しかし、一八七一年の手厳しい敗北以来、私たちは以前にもまして祖国防衛や領土解放が何たるかを知っています。あの名誉ある少女のイメージがイギリス軍の容赦ない占領に対して立ち上がることのできた民衆から奪われるのを黙って見ているわけにはいきません。

たしかに、慎重さも求められます。ジャンヌの記憶からプロイセンに対する復讐心を煽らせてはなりません。植民地拡張の壮大な計画に乗り出したわが共和国は、より素晴らしい達成すべき事業を見出したのですから。とはいえ、こうした留保がアルザスやロレーヌを忘れることにつながってもいけません。

教権支持者は数年前から、狂信的で危険きわまりない——というのも、それらはみな共和国の敵だからですが——愛国者の後ろ盾を受けて、彫像建立や紛れもない崇拝の拡大によってわれらがジャンヌの記憶とイメージを自分たちの利益に引き寄せようと必死になっています。しかし、とりわけあのおぞましいコーション司教の煽動で、彼女を裁き、非難し、火炙りにしたのはカトリック教会であることを決して忘れてはなりません。私たち共和主義者にとって、ジャンヌはいかなる狂信とも無縁の愛国心の象徴です。

この冬、私がオルレアンの乙女について話すことにしたのは、昨年、カトリック教会、教権支持派、国粋主義者たちによるこの横領の試みが頂点に達したからです。教皇レオ十三世自らがこう主張したのです。「ジャンヌはわれわれのものである」と。また、聖列化も進行中です。それらの人々はジャンヌをとおして、カトリックの信仰と彼らが伝統だと考えるものの尊重だけが祖国に対する敬愛を存続させることができるのだと信じ込ませようとしています。

昨年、地元紙がヴェルダン司教であるパジス猊下の言葉を掲載しました。リモージュ大聖堂内で行われた式典でカトリック信者が「ジャンヌの頌徳」と呼びならすものを披露した人物です。彼はわれらがヒロインの列聖化を急ぐとともに彼女を国軍の守護聖女とすることを提案しました。彼はジャンヌの犠牲を「トンキン、チュニジア、ダホメ、トンブクトゥの遠征の間にわが軍が果たした輝かしい文明化の役割」に結びつけ、声高らかに次のように主張しました。もしわれわれが神やジャンヌのもとに立ち戻れば、「フランスは古傷から癒え、遅からず失った地方を取り戻し、世界で文明化の使命を継続するであろう」と。式典の最後には、ドンレミに記念碑を建てるべく募金が行われました。

翌日、特別にパリから来訪したガルニエ神父がリモージュのアンティニャック・ホールでジャンヌ・ダルクについての講演を行いました。彼も同じような話をしています。会場に入り込むことができた友人たちから、その内容を伝え聞きました。神父によれば、もしフランスがジャンヌの行いを継続しようと思うのならば、「宗教、家族、繁栄、愛国心」[1]を称揚しなければならないのだそうです。講演に引き続いて三五〇名を集めて行われた懇親会で、彼の考えは再び喝采を浴びました。このような喧しい活動は教権支持派がこの地方までも押し進める積極攻勢を示しています。何度も言いますが、今夜の講演の目的は皆さんに警戒を呼びかけることなのです。

幸いにして、共和派はすでに反撃を開始しました。皆さんの中にはたぶんラヴィスの書いた教科書を使った人もいると思いますが、この偉大なる歴史家ラヴィスの支援を受けて、わがリムーザン地方と同じく共和派の伝統をもつアヴェロン県の上院議員、ジョセフ・ファーブル教授は、ジャンヌ・ダルクの世俗的《ライック》、共和主義的、愛国的、民衆的礼賛を提案しています。微力ながら、彼らの後押しをしようではありませんか。昨年、ジョゼフ・ファーブルはジャンヌ・ダルク祭の創設を提案しました。首相はそれが国民教育の機会となるだろうと述べ、上院もそれに理解を示しました。この「愛国祭」は火刑の場所へのジャンヌ像建立とともに上院で可決され、下院での承認が待たれます。

　このように、哀れなジャンヌは私たちの間で幾多の議論の対象となっており、そのことから私たちは歴史家が明るみに出した真実を誠心誠意守る必要があります。繰り返しますが、ジャンヌをフランス革命や祖国の樹立に結びつける接点を示したのは歴史家なのです。フランスを外国の軛から解放することが問題となったとき、彼女が模範を示した犠牲の偉大さを忘れてはなりません。彼女のことを神の摂理の道具にすぎないだとか、わが国の美しく偉大な歴史における神の介入の証明に他ならないと言いふらす人たちには用心しなければなりません。

　最後に、ジャンヌ・ダルクを不可思議や超自然に結びつけるあらゆる信仰を捨て去るようにお願いしたいと思います。最近、隣のクルーズ県で妖精の樹が「ジャンヌ・ダルクの樹」と名付けられたという話を聞きました。私の知らないうちにこの近くにも他に同じようなものが存在しているのかもしれません。」

第8章　聴衆は知識を口伝えで得ていた

年齢に関わらず、ボモール氏の聴衆の知識の大半は読書からではなく会話や耳学問から得られたものだった。ところで、田舎には口承の場所、技法、対象の歴史が存在する。十九世紀の終末はその点で決定的な転換期にあたり、モルトロールの講演会はその例証や象徴となっている。残念ながら、そのような対象を扱った概説書は存在しないが、それを構成する様々な要素について何冊か優れた本が書かれている。

そのようなわけで、バス＝マルシュ地方の小集落において朗読や賢明な意見交換によって成り立つ宵の集いがどのように行われていたかは分かっている。道中における、宿屋の内部における、市場における噂話の流通方法も見えてくる。噂話はそのような場所で知識の贈与の形態をとり、それは他者にその真偽を問わずニュースを伝える者とその情報によって知識を豊かにし次にそれを自慢げに伝達することになる者に同時に価値を与えていた(1)。宵の集いの研究、行商文学の研究、また裁判記録によって、噂話の解説方法はいくらか明らかになっている。噂話は合理性を旨とする歴史家には容易に理解しがたい想像世界の特殊な機能を表しているのだが、ここではその幅広い問題を取り扱うことはしない。

リムーザン地方と境を接する地域に関する、四半世紀前の二つのエピソードは、口伝えの情報の構造を明解に例示するものとなっている。シャラント地方では、第二帝政末期、十分の一税を復活させようという貴族の陰謀への懸念が、田舎において不安や恐怖を投げかける噂の一つとなっていた。十分の一税はそこで第三共和政初期にも政治的想像世界につきまとい続けた。また、一八七〇年八月十六日、ドルドーニュ県の北端に位置する小村オートフェイの市場では、アラン・ド・モネイスという若い貴族が縁日に集まった農民の集団に殺害された。噂では、その貴族は共和主義者であり、またプロイセン人であるとして非難されていた。[2] これらのエピソードは口承がもたらす政治的想像世界の機能の仕方がいかに自立したものであるかを明るみに出している。モルトロールの住民たちがきわめて貪欲な姿勢で一八九五―一八九六年の冬の晩に探し求めに来たのは、それとはまったく異なる性質の知識である。

噂話の水平的伝承方法に、垂直的言辞に属するあらゆるもの、すなわち権威的言説が対立していた。バス＝マルシュ地方は決して信仰心の厚い地域に属してはいなかったが、ボモール氏の聴衆は、それに本当の意味で耳を傾けたわけではないにせよ、外勤司祭が話す訓戒や説教を聞いたことがあった。当時の田舎司祭は信者に対して単純に話しかけようと努めていたことが

1989年11月創立　1990年4月創刊

一九九五年二月二七日第三種郵便物認可　二〇一四年一〇月一五日発行（毎月一回一五日発行）

月刊
機
2014
10
No. 271

発行所　株式会社 藤原書店©
〒一六二―〇〇四一　東京都新宿区早稲田鶴巻町五二三
電話　〇三・五二七二・〇三〇一（代）
FAX　〇三・五二七二・〇四五〇

◎本冊子表示の価格は消費税抜きの価格です。

編集兼発行人
藤原良雄
頒価 100円

江戸以来の四百年の歴史から、東京の未来像を考える。

江戸・東京を問い直す

――学芸総合誌・季刊『環』59号 今月刊行――

オリンピックは決定したが、いよいよ過密化する〝東京〟のインフラと景観、防災は、このままでいいのか。太田道灌と江戸開府に始まり、長い繁栄の時をきざみ、明治維新を経て西洋の知恵を取り入れ、また関東大震災を受けて後藤新平が築いたその都市計画の礎をもとに、再び戦災の中から立ち上がった東京。しかし今の東京には、「どのような都市にするか」という将来に向けてのビジョンがまったくない。四百年の歴史を問い直すことから、「市民による自治」（後藤新平）国際的都市東京の未来像を考えてみた。

編集部

● 一〇月号目次 ●

土地本来のふるさとの木による、ふるさとの森が東京を救う！

東京に森を！

――「潜在自然植生」からみた東京――

宮脇　昭

緑が減ってゆく東京

東京が幸いにも今まで生き延びてきたのは、起伏が多い地形だからです。大阪や名古屋は平坦で、自然をヒトの顔にたとえれば頬っぺたみたいなところです。指でさわるぐらいなら痛くも痒くもありませんし、それで発展してきた都市が大阪、名古屋です。ところが、目の中に指を入れたらだめですね。この「目の中」の地形が急斜面や水際、尾根筋などです。無理に指をいれたら、えらい目にあいます。名古屋、大阪は地形が平べったいですから、全面開発ができますし、それで都市も発展してきました。発展はしていますが、いずれも緑が少ない。

東京には、航空写真を見てもわかりますが、斜面には緑が帯状に残っていたのです。それが、今の新しい技術で斜面を削って、マンションを造ったりしています。これは、目の中に指を入れるのと同じことで、大変危険です。いろいろ意匠をこらして努力はされていますけれども、結果的に見れば、画一的な開発が進んでいるのです。東京の地形が幸いしてなんとか残されていた緑が、どんどん減っています。このままでは、一時的には経済の原則、集積の効率によって生活が豊かになるかもしれませんが、美しい日本の国土は世界でも有数の、自然災害の多いところです。日本だけでありませんが、今騒がれている首都圏直下型地震もそうですけれども、今晩か三百年先かわかりませんが、自然災害は必ず来襲するのです。

常緑広葉樹の森を東京に

私は一九六〇年代の終わりに、文部省（当時）の「人間生存プロジェクト」から当時としては大変な予算をいただき、徹底的に現地植生調査をして、多くの皆様の協力をいただき、最終的には『日本植生誌』全十巻計六千ページ、各巻に植生調査にもとづく別刷の「群落組成表」「現存植生図」「潜在自然植生図」を付したものに調査結果をまとめました。今見て

▲宮脇 昭 氏
（1928- ）

いる緑は、ほんものの緑ではない。ほそぼそと残っているのは、古い屋敷林や皇居の中、あるいは浜離宮や、芝白金の自然教育園などですが、そこの緑も開発によってどんどん周りから押されているのです。私は徹底的に現地植生調査をして、「ほんものの緑」——土地本来の「潜在自然植生」を見きわめ、それと現在の植生「現存植生」とをくらべた地図・植生図を作成したのです。二つはまったく異なります。日本全体では、現在でも一億二千万人の九二％が定住し、働いている照葉樹林域とも呼ばれるシイ、タブノキ、常緑カシ類の森、土地本来の「ほんものの緑」、森は〇・〇六％も残っていないんです。私はそれを明らかにしました。

「ほんものの緑」というものがあることを、私はドイツ留学でチュクセン教授から学びました。それまでは、雑草群落の生態を調べていましたから、雑草以外の、目に見えているものはほとんど自然の緑だと思っていたのですが、そうではない。土地本来の森が破壊されたあとの二次林や、人工の植林、潜在自然植生の代償植生、極端な表現が許されれば、いわゆる土地本来の植生に対しては「にせものの緑」がほとんどなんです。日本では、マツやスギが典型的です。針葉樹などの人工的な植林の森は、災害に弱く、地震や火災、津波、山崩れですぐに枯れたり、崩れたりします。また、管理しないと維持できません。日本の「ほんものの森」は、ほとんどがシイ、タブ、カシ類などの常緑広葉樹です。北海道、東北北部、山地は夏緑落葉広葉樹林域です。これらは、人間が手入れをしなくても何千年も長持ちします。

私の提案は、こういうものです。地震か何かが起これば、車は必ず全部ストップします。それでも道沿いは、お年寄りや、赤ちゃんを背負ったお母さんが走って逃げられる程度の帯状の森を立体的に、少なくとも火防木とされている常緑広葉樹のタブノキ、カシ類を中心とする樹林を、線状に、できるところから道沿いにつくる。まわりの小公園、駐車場、学校などのまわりは、一時的な逃げ場として、まわりを火防木《ひふせぎ》の常緑広葉樹の樹林帯で囲む。森の公園をつくることです。（略）

（みやわき・あきら／横浜国立大学名誉教授）

＊構成・編集部。全文は『環』59号に掲載

酒を愛し、人を愛した、名編集者の思い出——粕谷一希さんを偲ぶ

「風紋」仲間

高田 宏

粕谷一希さんとぼくとの間柄《あいだがら》をひとことで言えば、「風紋」仲間、ということになる。評論家と編集者・作家というのではない。東京・新宿にある「風紋」という古い地下酒場の飲み仲間ということだ。

粕谷さんのお宅へは一度だけお邪魔したことがある。仕事ではない。風紋での酒飲みばなしのなかで、粕谷さんがコルク張りの書斎を作ったと聞き、見せてもらいに行ったのだ。

その一回を除いて、粕谷さんに会うのは、風紋で飲みながらか、風紋主催の旅行会の仲間としてだった。たまにどこかのパーティーで会うことがなくはなかったが、そんなときは「やあ、どうも」程度だった。

『風紋25年』という本がある。ハードカバーで三三四ページ、八〇名近い常連客がそれぞれ味のある文章を寄稿し、合わせて店主の林聖子さんが「いとぐるま——母と私」という四〇ページ近い回想（太宰治と母のことなど）を執筆している。

編集・発行は「風紋二十五年」の本をつくる会で、その七人のメンバーに粕谷さんもぼくも入っている。酒と本の好きなメンバーである。当時すでに数少なくなっていた活版印刷を採用。わが国随一の技術と伝統を保持する精興社に印刷・製本・資材などいっさいを引き受けてもらって、最高の本造りをたのしんだものだ。

発行は一九八六年十二月五日、風紋満二五年にあたる日だ。新聞に大きくとりあげられたりして、たしか増刷したと覚えている。

粕谷さんとの思い出はたくさんあって書ききれない。『風紋25年』に粕谷さんが書いている「風五題」というエッセーを再読しながら、ぼくが某大学教授となぐりあいの喧嘩をしていたときのことを思い出したりした。となりのカウンター席で粕谷さんがじつに楽しそうに、ぼくにウィンクを送ってくれた。

（たかだ・ひろし／作家）

＊構成・編集部。全文は『環』59号に掲載

〈小特集・都市は市民がつくるもの——後藤新平とCh・A・ビーアド〉

「自治」としての東京

——後藤新平の東京市民「自治精神」への期待——

中島 純

一九二二(大正十一)年、後藤は東京特別市制の廃止されたのが一八九八(明治三十一)年十月一日であったことから、十月一日を東京市の「自治記念日」と定め、記念行事を開催した。これが現在の「都民の日」である。

後藤は「自治記念日」当日、市長室から、日比谷に集まった市民に高声電話で施政方針を演説した。また、これに先立って、市電において「二百万市民の総力を以て市政を完全にし国都を護りませう」と書かれた標語ポスターを車内に掲示し、市政演説の公示をおこなった。これが、のちに市電や市バスのポスター掲示などの行政広告が盛んになる端緒になったといわれる。そして、この日を祝い、市の試験場や施設を市民に開放し、市民合唱団の公演や講演会などの行事をおこなった。

さらに、後藤は震災後、ときの市長・永田秀次郎(後藤市政においては助役)によって刊行される市民向けの愛読本「市民読本」、「東京市歌」の市民への懸賞募集や「市政映画」の制作にも取り組んだ。

また、後藤は市民の自治精神の訓練をなす地域団体として町内会の組織化に積極的であった。東京市にあって町内会の組織化が進展し、その社会的地位の高まりを示すのは震災が一大契機となっている。後藤は市長に就任するや、社会局をして市内の町内会組織の調査に当たらせ、町会の名称、区域、目的、事業、創立年、会員数などを明らかにした。一九二二年十二月には、下谷区(現在の台東区西部)で町会連合会が設立され、震災後、市内各区で区単位に組織される町内会のモデルになる。これにも後藤の関与が認められる。町内会活動を通して住民の相互扶助と連帯意識を育てること——震災後、市内各地で組織強化されていく町内会は市民生活混乱の収束をうながし、復旧・復興に向けた秩序意識と機運を高めることを期待されたが、後藤はその発展助長に大きなかかわりを持ったのである。

(略) (なかじま・じゅん/新潟経営大学教授)

*構成・編集部。全文は『環』59号に掲載

「膨大な学術研究の結果を集約し、一般読者にもわかりやすく書かれた書」

トマ・ピケティ著『21世紀の資本論』を読む

経済学者 ロベール・ボワイエ

経済学者は学術誌への投稿を通じてお互いに議論し、その内の何人かは新聞のコラム、テレビ、ラジオなどのメディアを通して、大きな時事問題に関する意見や主張を表明する。しかしながら、彼らの立ち位置は専門領域と必ずしも密接な関係にあるとは限らない。トマ・ピケティの著書のオリジナリティの一つは、**不平等の推移を描写・分析し、その主要な決定要因を見つけ出すために、二〇〇一年から取り組んで来た膨大な学術研究の結果を集約していることである**。とはいってもそれは、既に出版された論文の単なる寄せ集めではない。経済学の専門的スキルを必ずしも持っていない一般読者にも、彼の主な研究成果や経済政策への提言を伝えることができるように、きわめて教育的に書かれているのである。

第二に、これらの研究は、最初、フランスの富裕層と相続資産の長期的推移に焦点を当てていた。次に、多くの同僚、若手研究者、博士課程学生と協力して、アメリカ、インド、中国、ヨーロッパ、ラテンアメリカへと対象を広げていった。その結果として、**所得と不平等に関する歴史的かつ国際的なデータバンクが誕生した**。そうしたなかで本書は、**とても説得力のある一連の図表を提供することになった**。

三つ目のオリジナリティとして注目に値するのは、この長くて根気のいる研究が現代の支配的な研究潮流に属するものではないと主張していることである。ここで提示されているのは、不平等のミクロ経済学的基礎に関するいささか幼稚で錯乱した研究ではなく、**包括的な意味をもつ分析**である。また本書は、何であれ、ある大理論に由来する標準モデルを検証するために話を進めているのではない。とはいっても、ひとたび説明しようとする問題や定型化された事実が画定されたならば、著者は躊躇なくあれこれの分野の理論的先行研究を必要に応じて動員する。著者は認知科学プログラムを取り入れようとしているのではないし、経済理論に心理学を再び導入しようとしているのでもない。むしろ、**ピケティは、文学や映画の各種作品を好んで参照する**。それらは、アクターが自らの意のままに操ることが出来ない歴史的・制度的な文脈に置かれたときの、彼らの行動を解釈するための手がかりを提供している。ピケティはまた、管理された実験に基づいた実証的手法——これはある種の科学者的幻想の犠牲だと考えられている——がぶつかる熱狂をなだめる。（略）

横田宏樹訳

＊構成・編集部。全文は『環』59号に掲載

江戸以来の 400 年の歴史から、未来の東京を考える。

学芸総合誌・季刊

環【歴史・環境・文明】

2014 年秋号　vol.59

KAN : History, Environment, Civilization
a quarterly journal on learning and the arts for global readership

〈特集〉江戸・東京を問い直す

菊大判　480頁　3600円

金子兜太の句「日常」　石牟礼道子の句「野辺の送り」

文革、教科書検定問題……四十年前に中国の真実を見抜いていた、碩学の書。

現代中国の見方

――『岡田英弘著作集』第5巻刊行――

岡田英弘

日本人に知られていなかった中国の実情

本書は、題名通り、現代中国に関する私の論考をまとめたものである。「第Ⅰ部　現代中国はいかに形づくられたか」、「第Ⅱ部　中国人とは何者か」の論考は、本書の総論の役割を果たしている。

第Ⅰ部のなかの一編「中国における少数民族」は、ソ連邦崩壊前の一九八八年に行なった講演である。あとの三本は一九九七～九八年の講演であるから、続く第Ⅲ部、第Ⅳ部に再録された私の論考から数えて二十年前後もあとになってからの、現代中国論の総括という趣旨である。

本書の核をなすのは、「第Ⅲ部　時局を読み解く」である。ここに再録された二十本の論説は、一九七二年から一九九〇年まで、さまざまなメディアに発表した、そのときどきの中国に関する時事問題解説である。

一九七二年十月、日本が現代中国と国交を樹立する直前から私は現代中国についての解説を始めた。まだ文化大革命の余波が続いていた頃である。お読みになっていただければ明らかであるが、私は、日本人としてはだれよりも早く林《りん》彪《ぴょう》事件について真実に近いことを書いた。引き続き、孔子批判の本当の目的、周《しゅう》恩来《おんらい》と鄧《とう》小平《しょうへい》の関係、毛沢東《もうたくとう》死後の中国の権力闘争、鄧小平がアメリカと日本との関係を後ろ盾にして権力闘争に勝った次第、中国から見た「日中国交正常化」、「教科書批判」がじつは鄧小平と人民解放軍の権力闘争に使われた中国の内政問題だったこと等々、中国の出版物を継続して読み解くことで、日本人には知られていなかった中国の実情に、私はかなり切り込んでいる。「日中国交正常化」当時すでに、私は今の日中関係を予測していた。しかし、四十年前には、私の言うことに日本人はほとんどだれも耳を貸さなかった。

一九八〇年代前半で、時事問題解説をジャーナリズムに発表することを止めてしまったのは、もともとそれが私の本質的な研究対象ではなかったことに加えて、前妻との離婚問題が、大学や出版界にまで波及するスキャンダルになったので、マスコミから身を引くことにしたという、家庭の事情である。

今、これらの論説を読み返してみて、同時代にこれだけの分析ができたことを自分でも誇らしく思う。本著作集の編集者諸君も感心してくれて、読者の便を図るための注記以外は、なるべく原文のまま再録する方針を取った。

▲岡田英弘氏（1931- ）

「第Ⅳ部　現代中国の諸相」は、第Ⅲ部よりは少し柔らかいテーマを扱った現代中国論である。私が現代中国に関する論考に手を染めるようになったのは、第Ⅳ部の最初に収録した「中国人に頭を下げるな」が嚆矢《こうし》である。この論説はじつは本名ではなく、シンガポール在住の華人、陳図南《タントーラム》名義で執筆したもので、一九七一年に『諸君！』（文藝春秋）に掲載されたときの原題は「一華僑から日本人へ」としていた。

陳図南という名前を選んだ由来をここで述べておこう。陳という姓は、春秋戦国時代には、岡田の田と同じ音 dian であったから、シナ人によくあるこの姓を選んだのである。ただし、現代中国が使用している併音《ピンイン》では、この二つの漢字は別の発音である。

図南のほうは、『荘子《そうじ》』「逍遙遊篇《しょうようゆう》」第一から取った。すなわち「北冥（この世界の果て）に魚有り、その名を鯤《こん》と為す。鯤の大いなること、その幾千里なるを知らざるなり。化して鳥と為る。その名を鵬《ほう》と為す。背は泰山《たいざん》のごとし。翼は垂天《すいてん》の雲のごとし。扶揺《ふよう》に摶《う》って上ること九万里、雲気を絶え、青天を負い、然る後に、南を図らんとす」から「図南」と号したのである。

次の「アントニオーニの映画『中国』」に、日本で公開されていないこの映画を某国で見た、とあるのは台湾である。

さまざまな媒体に求められるまま発表したこれら現代中国論は、今でも古びていないと思う。中国は、地政学的に日本の隣に位置するからには、これからも日本人は嫌でもつき合ってゆくしかない。中国人に関するこれらの文化論が、今後の日本人にいくらかでも役立ってくれることを祈っている。

「第V部　発言集」は、これまでの巻と同様、シンポジウムや対談や座談会や質疑応答における私の発言を、編集者たちがこまめに拾ってくれて大幅加筆したものである。このような機会がなかったら消滅してしまったわけだから、心から感謝している。読者諸君にも楽しんで読んでもらいたい。

（「はじめに」より）

その一例を、以下に示そう。

北京が送った「日中国交正常化」のシグナル

『北京週報』一九七一年九月二十八日の第三十九号に、初めて日本「帝国主義」の実態に触れた記事が出た。それまではただ、佐藤反動政府はどうだとかこうだとか言っていただけだったのに、この号の「中国の台湾省への経済拡張に拍車をかける日本反動派」という記事は、日本が完全に台湾を抑えてしまった、と伝えている。この記事がいかに驚くべき、前例のないことかと言うと、これまで日本「帝国主義」の実態については、人民にはまったく知らされておらず、ここで初めて、日本はもうこんなに強くなっているのだということが、記事として出たわけである。

続いて十月十二日の第四十一号では「東南アジアへの経済拡張を急ぐ日本独占資本」という記事が出た。台湾だけでなく、インドネシア、タイ、インドシナ諸国、フィリピンなど、あらゆるところを日本資本が完全に抑えてしまっていることを匂わせる記事で、これを読んだ中国人は、たいへんなショックだったと思う。

十月二十六日の第四十三号では、「日本反動派の海外への軍事拡張」という記事が出た。この記事では、日本の軍備がいかに優秀であるか、いかに実力があるかということを、非難という形を通してはいるが、情報として珍しくストレートに提供している。

十一月十六日の第四十六号では、「日本反動派の南朝鮮への侵略拡張」という特集が組まれ、韓国の経済を日本が完全に抑えてしまったと指摘しているほか、ラテン・アメリカへの日本の経済進出のものすごさも報道している。

こういった記事が連続的に出たわけで、ふつうに読めば日本の軍国主義批判ということになるが、私はそうはとらない。むしろ、中国の次の狙いは、「日中国交正常化」なのではないか。つまり、中国の内部で、日本の実力を小出しにし、さまざまな状況を次々と公開し始めたというのは、いずれニクソン訪中（一九七二年二月）と同じようなショッキングな事件が起こった場合に、言い換えれば、日中が突如ある朝、手を握るというようなことが起こったときに備えて、少しずつ人民を慣らしているのではないか。初めて日本の実態を見たとき、中国の民衆が狼狽しないように、今から教育しているのではないかと思う。

　北京政府は日本に向かってしじゅうシグナルを送っている。今述べた軍国主義批判にしても、裏を返せば日本へのシグナルである。北京政府は今こういう気持ちでいるのだが、ひとつ相談に乗らないか、という合図だともとれる。ところが、そのシグナルの意味を日本はまったくわからないでいる。というより、シグナルを送られているということにも気づかずにいる。

　私は、中国は非常に近い将来、突如日本に対して和解的になるだろうという見通しを持っている。そのあたりの兆候がすでに出てきている。たとえば、台湾を解放できないということを、事実上認め始めている。その証拠として、ソ連が台湾に好意を持っている、というような煙幕を張り始めた。これは、日本のために台湾がとれないのだ、というこれまでの主張を後退させ、ソ連のために台湾がとれないのだ、という伏線を張っているとしか思えない。ということは、日本と手を打つ余地を残しているということである。私は、その手打ちが非常に近い将来に起こるだろうと思っている。そのときは、みんな「あっ」と言ったきり、口がふさがらないということになるだろう。（略）

＊この発言（一九七二年七月掲載）の数カ月後の同年九月、「日中国交正常化」がなされた。――編集部

（おかだ・ひでひろ／歴史学者）

回「世界史」の地平を初めて切り拓いた歴史家の集大成！
岡田英弘著作集 全8巻
四六上製　各巻四〇〇～六〇〇頁（年4回刊）

5 現代中国の見方　五九二頁 四九〇〇円
［月報］M・エリオット／岡田茂弘／古田博司／田中英道　＊白ヌキ数字は既刊

1 歴史とは何か　四三二頁 三八〇〇円
［月報］J・クルーガー／山口瑞鳳／田中克彦／間野英二

2 世界史とは何か　五二〇頁 四六〇〇円
［月報］A・カンピ／B・ケルナー＝ハインケレ／川田順造／三浦雅士

3 日本とは何か　五六〇頁 四八〇〇円
［月報］菅野裕臣／日下公人／西尾幹二／T・ムンフツェツェグ

4 シナ（チャイナ）とは何か　五七六頁 四九〇〇円
［月報］渡部昇一／湯山明／R・ミザーヴ／E・ボイコヴァ

6 中華の拡大

7 歴史家のまなざし　〈付〉著作目録／著者年譜

8 世界的ユーラシア研究の五〇年

19世紀末に一人の教師がおこなった、講演記録のない講演会を甦らせる!

知識欲の誕生

アラン・コルバン

田舎の小村で行なわれた講演会

ボモール氏は熱意あふれる教師だった。上層部の無言の期待に応えて、一八九五―九六年の冬のあいだ、モルトロールの勤務校で大人向けに連続一〇回の講演を行った。ボモール氏は才能ある教師だった。彼は明らかに聴衆を夢中にさせた。村の男の約半数と女の約四分の一が彼の話を聞きにやって来たが、彼らの意欲は冬のあいだ中ずっと衰えることはなかった。ボモール氏は虚栄心の強い教師だった。そうでなければ、『ヌヴェリスト・ド・ベラック』紙に一〇回の講演のテーマと聴衆の男女別人数を公表する必要など感じなかっただろう。

とはいえ、本書が対象とするのはボモール氏ではない。当時、他にも良心的で才能にも恵まれ若干自惚れた教師はいた。だが、彼の功績によって、われわれは冬の寒夜に彼の話を聞きに集まった無名の人々の知識欲を想像してみることができるのだ。

男も女も彼らの大半は字を読むことはできたが、本を読むことはなかった。冬は夕べの集いでお互いのことや家畜や収穫のことを語り合うのが習慣だった。だが、その年、彼らは、地理、歴史、科学に関する想像力を満たしたいという欲望、道徳や公共心の基本を吸収したいという欲望を明確に示した。それが、簡潔でありながらも誇張された教師の言葉に彼らが期待したものだった。

十九世紀末、田舎の小村に暮らしていた農民や手工業者がどんな知識を持っていたのかは不明である。学校の歴史を扱った多くの書物、学校教科書の研究やその内容の分析は、子供たちが良き生徒として何を学ぶことができたのか教えてくれる。しかし、その後の彼らの知識習得や文化的実践についてはほとんど何もわかっていない。

ボモール氏の話し方まで再現

ボモール氏のおかげで、私たちはある知識の習得過程を思い描くことができる。

残念ながら、講演の原稿が私たちの手元にあるわけではない。ボモール氏が原稿を読み上げたとは私にはとても思えない。聴衆にはそんなことは耐えられなかっただろう。

　したがって、彼の講演を想像する必要がある。講演は一八八二年に表明されたジュール・フェリー〔公教育大臣〕の意向に沿ったものだった。大臣はそれに大衆教育の補完を期待したのだ。だが、ボモール氏の言葉を再現するにあたって、彼自身が知り得たことや、その年に彼が読んだり聞いたりした可能性のあるものについて調査しなければならなかった。彼の言葉が想像できる、いくつかの確かな根拠がある。ボモール氏の人柄、彼が受けた教育、演説家としての長所短所、声の調子、教材の使い方についてはわかっている。それぞれの講演の詳細なテーマや聴衆となった男女の数も判明している。そうした集会がモルトロール村の中心部にある男子校の教室で開かれたことにも確信がある。これほどデータの集積があるのは珍しい。

　だが、ボモール氏の言葉の再構成に立ちはだかる困難はそれでも大きい。まず言葉がもつ意味の儚さや言葉の使用の歴史に起因する難しさがある。彼は「倫理」ではなく「道徳」について、「価値観」ではなく「共和主義的信条」について、「科学者」ではなく「学者」について語るのだ。聴衆の語彙の乏しさを考慮して、言葉はわかりやすいものでなければならなかった。しかし、この世代の教師たちの話を聞いたことのある人は皆、その言葉にある種の誇張がないわけではないことを知っている。同僚の教師たちと同様に、ボモール氏はおそらく知識の所有者を自負し、その知識を完璧なフランス語で伝達する使命を自らが担っていると感じていただろう。今日では、彼はある意味で自分の話に酔っていたにちがいないとも思える。

　われわれの出自であるこの失われた世界との接点を回復するためには、拒絶することなくあらゆる物事に耳を傾けることを受け入れなければならなかった。――その点でラジオの比喩〔原題の副題は「ある失われた世界に耳を傾けて」〕は適切だといえる。知の欲望をその世界の全体性に適合させることが必要だったのだ。私はそれゆえに、今日の世界表象からおそら

▲アラン・コルバン
（1936–　）

く最も隔たったものも削除することを望まなかった。祖国、労働、植民地獲得は、ここでは農産物の生産性向上についての考察と切り離すことができない。私は一連の講演から何ものも省略や削除すべきではないと考えた。（略）

知識欲の開花の瞬間を捉える

四半世紀後、一九六六年と一九六七年の間、私は人民戦線を勝利に導いた一九三六年の国民議会議員選挙で投票に赴いたリムーザン地方の老人たちにインタビューをした。彼らは皆もう亡くなってしまったが、その中でも最高齢の人たちは一八九六年にボモール氏の話を聞きに来ていたかもしれない。それ以外の大半の人たちは次の世代に属していた。彼らが世界や政治を知覚する仕方はかなり奇妙なものに私には思えたし、それは私が政治史の本で読んでいたことにはほとんど一致していなかったので、人類学者に脱皮した歴史家にとって、すべてはこれからだと直感したものだ。

その二年間は、十九世紀におけるリムーザン地方の住民史に費やした十年間の調査の準備期間となった。三十年後、私はこの地に舞い戻った。ボモール氏の一連の講演が、ラジオ、テレビ、コミュニケーションのあらゆる現代的様式が登場する以前に、その歴史的特性の中で、知識欲の開花の瞬間を捉えることを可能にしてくれる窓となっているように思えたからである。

それは、オリニ＝ル＝ビュタンの木靴職人、ルイ＝フランソワ・ピナゴについてかつて行った調査を継承することでもある。私はその男の感情や気持ちを知るにはいたらず、彼が知ることのできなかったこと、またおそらく体験することもなかったことだけに向き合った。彼の死から二十年足らずで、モルトロールの貧しい住民たちの事情はもはやそれと同じではなかった。彼らがボモール氏の講演にこぞって駆けつけたことは、彼らの期待の地平を示している。それをとおして、われわれは彼らのうちに消極的なだけではない欲望を感じ取ることができるのだ。この新しい知の欲望（知識欲《リビドー・シエンディ》）は、それが国家という織物の微細な編み目の奥底に光を投げかけている点では、フランスの歴史を照らし出しているといえるだろう。

（構成・編集部）築山和也訳

知識欲の誕生
ある小さな村の講演会 1895–96
アラン・コルバン（Alain Corbin／歴史家）
築山和也訳
四六上製 二〇八頁 二〇〇〇円

欧米・アジアの約50都市を鏡として、東京の魅力、東京の課題を照射！

世界の街角から東京を考える

青山 佾

進化し続ける世界の都市

都庁に勤務していたころ、正月休みや夏休みには、ロンドンやニューヨークに行くのが常だった。東京都政の仕事をしていると、都市計画、交通、住宅、福祉、教育など様々な分野についてロンドンやニューヨークではどうしているのかを知りたくなるのである。

都庁を退職して自由業になってからは毎月のようにヨーロッパ、アメリカ、アジアの都市を訪ねるようになった。現地の市役所や日系法人の事務所にお邪魔して現地事情を調べたりしていたが、徐々に知り合いが増えて、先方からも東京の事情を聞かれることが多くなり、それに応えるため英文論文を作成するようになった。

二〇〇四年にはロンドンプランの翻訳をし、二〇〇八年にはニューヨークのコロンビア大学に客員として登録され、両都市とは長い付き合いとなっている。経済の高度成長を終え成熟した大都市は、東京の政策を考えるうえで大いに参考になる。どの都市も、数か月のインターバルを経て訪ねると必ず違った顔を見せる。

高架高速道路を撤去したあとに設置された水遊び場（アメリカ・ボストン）

進化もしている。努力もしている。

日本での仕事の合間に行くから、基本的には一人旅となる。見当をつけてメールを出すとたいていの人と会うことができる。公園のベンチやレストランのテーブルで思わぬ人との出会いや交流が始まることもある。そこから感じ取るものも多い。夏休みには必ず、明治大学公共政策大学院の修了生たちと旅をする。同じものを見ても違った視点や感じ方を彼らから学ぶことが多い。

都市は人間によって成り立っている

都市は人間によって成り立っている。街並みから学ぶことも多いがそのまちに住む人たちから学ぶことはもっと多い。知識の交流もさることながら感性の交流から多くの収穫がある。知を磨くのに書物は不可欠だが、都市を知るには現地踏査を欠くことはできない。都市は生き物だから行くたびに違った顔を見せる。海外諸都市の息吹に触れることによる閃きやヒントは、時間と体力そして経費の消耗を超越する喜びを感じさせる。

ニューヨークは賑やかで活気に溢れているが、その陰で多くの人が貧困に喘ぐ。彼らに手を差し伸べようとする人も多いし、そのための市民活動も活発だ。ロンドンは多くの移民が流入し深刻な問題が発生した。二〇一二年オリンピック招致の目的には、彼らが多く住む地域を活性化する目的もあった。

観光に行くと華やかに見えても、一歩裏路地に入るとどの都市も問題を抱えている。だがそれに対して果敢に取り組み、改善の努力を重ねている。東京は海外から見れば安全で清潔な都市だが、先行して成熟し問題を抱えている都市から学ぶ

バービカンの市営住宅（イギリス・ロンドン）

ところは多い。

本書は世界の都市と比較しながら東京の歴史と将来を考え続けた記録である。東京を軸とした都市比較論である。海外に行くたび感じたこと思ったことを記録し、月刊誌『都政研究』に連載した。ほとんどの原稿が機内で書かれている。欧米と往来する飛行機のエコノミー席ほど恵まれた執筆環境はない。暗いし長時間ベルトで縛られ座っているからパソコンに向かう以外ないのである。邪魔が入らず思考を深める至福のひとときでもある。

（あおやま・やすし／明治大学大学院教授）

▲青山佾氏（1943-　）

近年完成した上海の巨大な歩行者デッキ（中国・上海）

世界の街角から東京を考える

青山 佾（元・東京都副知事）

はじめに

第Ⅰ部　アメリカ
ニューヨーク／ボストン／ハーバード大学とその周辺／シカゴ／ワシントンDC／シアトル／サンフランシスコ／ロサンゼルス／ニューオーリンズ

第Ⅱ部　ヨーロッパ
ロンドン／レッチワースとウェルウィン／ブライトン／オスロ／アントワープ／パリ／バルビゾンとフォンテーヌブロー／アヴィニョン／ベルリン／ミュンヘン／フランクフルト／ポツダム／ニュルンベルク／ローテンブルク、アウクスブルク／ウィーン／ザルツブルク／バルセロナ／ビルバオ／ゲルニカ／テネリフェ／ローマ／ヴェネツィア／フィレンツェ／ミラノ／アテネ／モスクワ

第Ⅲ部　アジア
北京／上海／大連／成都／香港／台北など台湾の諸都市／ソウル／大田広域市／ホーチミン・シティ／ハノイ

四六判　四〇八頁　二五〇〇円

リレー連載　近代日本を作った100人　7

横井小楠
——日本が世界平和を創出すると説いた

松浦　玲

小楠の遺志は世界平和の創出

明治二年正月五日（一八六九年二月十五日）横井小楠は京都で暗殺された。このとき議政官上局参与（閣僚と議院常任委員長を兼ねたやうなもの）九人の一人だつた。前年の夏から秋にかけては体調が悪く、枕頭に弟子を集めて遺表（天皇への遺言状）を口述したほどだつたが、還暦を迎へた（数へどし六十一の）新年は気分が良く、元旦に鶯を聞き酒盃を手にした漢詩がある。この書が絶筆とみなされてゐる。

新政府の大官を殺したのだから犯人は当時の慣行では文句なしに死刑である。ところが助命運動が起つた。小楠は極悪人だから、それを殺すのは正義の行為だといふのである。弾正台（短い期間だが司法や検察に介入できた強力な機関）は、天皇の尊厳を否定する「天道覚明論」といふ文を入手して、小楠が反逆者である証拠に使はうとした。これは小楠作であることを証明できず失敗した。

しかし小楠の遺志を実行するといふ空気は、新政府内から失はれた。政策思想の質が全く違ふので比較すると誤解を招くかもしれないが、同じ時期に暗殺された大村益次郎の遺志は実行された。小楠の遺志は全く実行されなかつた。

大村の遺志は国民皆兵、士族でなく平民の軍隊を作ることである。小楠の遺志は、日本が世界平和を創出するといふものだつた。自分が中心となる日本だけが、世界平和を実現できると考へた。欧米諸国は利害を逐《お》ふことに懸命だから皆ダメ、日本だけが可能だと確信した。前記した遺表やアメリカ留学中の甥たちへの手紙から、それを読取ることができる。

小楠の死後、政府内では誰もこれを受継がなかつた。小楠の弟子であること紛れもない由利公正（三岡八郎）が参与の一人だつたけれども、辞任して福井に帰つた。その由利に小楠の遺志が理解できてゐたか、実のところ不明である。

「近代日本」は小楠の思想に反して作られた

熊本の弟子たちが「実学党」の藩政府

を作つたことは知られてゐるが、廃藩置県で挫折した。またさきほど述べた小楠構想は一地域で可能なものではない。

　明治天皇の側近にゐた元田永孚は、肥後実学党の出身であることを隠さず、小楠の後輩だと自認し続けた。しかし元田が関与した教育勅語は、小楠思想から遠い。「学校党」出身の井上毅が起草の中心メンバーだつた帝国憲法が小楠思想から遥かに遠いのは断るまでもあるまい。

　これを要するに一九四五年の敗戦までの「近代日本」は、小楠最後の思想に反して作られたのである。その結果として自滅した。小楠暗殺が日本に与へた打撃は大きかつた。私は一九七六年に朝日評伝選で出した『横井小楠』（その後二度増補したが元版には手を加へてゐない）の最後で、小楠が生きてゐれば必ず起つた政策路線をめぐる争ひを新政府は彼の死により免れた、仮に小楠が敗北しても彼の思想を退けたといふ傷痕が政府あるいは日本の歩みの中に残つただらう、「現実の日本の歩みには、小楠的な思想を退けたという負目さへもかすかである」と書いた。その考へは今も全く変らない。

　敗戦後の日本国憲法は小楠思想に近い。占領軍の強制といふ弱点があり、日本が世界平和を創るのではなくて、既にできあがつた（すぐに崩壊した）平和に日本が依存するといふ頼りない仕組みになつてゐるけれども、それでも小楠思想に少しだけ追ひついたのである。

　敗戦前には、いま可能となつてゐるやうな小楠評価はできなかつた。門弟血縁地縁者以外で小楠を誉めたのはアジア主義者の大川周明だけではなからうか。帝国憲法の下で小楠思想の大切な部分を讃へることは困難だつた。いまはできる。小楠思想を受継いで日本国憲法を改正しなければなるまい。それは自民党の改正案とは正反対のものである。それが非常に遅れたけれども「近代日本」を作る。

（まつうら・れい／歴史学者）

▲横井小楠（1809-1869）
藩校時習館に学ぶ。1839年藩命で江戸に遊学、藤田東湖や幕臣川路聖謨らと交わる。帰国後家塾を開き熊本藩実学党を結成するが、藩政改革に失敗。諸国遊歴中に吉田松陰、橋本左内らと交わる。58年越前藩主松平慶永に招かれ政治顧問となり、開国通商、殖産興業による富国強兵を主張、藩政改革を主導。62年慶永が幕府の政治総裁職に就くとその幕政改革・公武合体運動の推進者として重きをなす。越前藩の政変で失脚。68年参与となり新政府に出仕するが翌年暗殺。

Le Monde

■連載・『ル・モンド』紙から世界を読む　139

「多様な」内閣

加藤晴久

八月二十六日におこなわれたフランスの内閣改造。閣僚名簿（『ル・モンド』八月二十八日付）を見て気がついたこと。

①若い人が多い。五十二歳の首相はあまりめずらしくないかもしれないが、経済産業相、教育相、住宅国土相はいずれも三十六歳。文化相は四十一歳である。副大臣にも、三十六歳、三十九歳、四十歳、四十三歳（二人）、四十四歳がいる。

②首相を除く十六人の大臣のうち、七人が女性。しかも、閣僚の序列二位の環境相、三位の教育相、四位の法務相、七位の福祉保健相が女性。副大臣十七人中、八人が女性である。

③そして「多様性」。まずヴァルス首相。バルセロナ生まれのスペイン人。少年時代にフランスに移住し、パリ大学で学んだが、フランス国籍を取ったのは一九八二年。二十歳の時である。

デジタル経済担当副大臣アクセル・ルメール（女性、三十九歳）は父親がケベック人、母親がフランス人で、カナダ・フランスの二重国籍。

都市政策担当副大臣ミリアム・エル＝コムリ（女性、三十六歳）はモロッコ人を父親にラバト市に生まれた。十歳で家族と共にフランスに移住。モロッコ・フランスの二重国籍。

退役軍人担当副大臣カデル・アリフはフランス軍兵士（アルキ）になったアルジェリア人を父にアルジェに生まれた人。

教育相ナジャ・ヴァロー＝ベルカセム（女性、三十六歳）はモロッコ生まれ。五歳のとき、移民労働者の父親に合流した。モロッコ・フランスの二重国籍。

さらに、文化相フルール・ペルラン（四十一歳）。もともとの名はキム・チョンスク。しかしこれも親がつけた名前ではない。生まれて数日後、ソウルの道ばたに捨てられていた。六ヶ月後にフランス人カップルの養女になり、大切に育てられた。高級官僚養成校である国立行政学院出身の超エリート。一見してアジア系とわかる美形。英語・ドイツ語に堪能。日本語も少々。朝鮮語はダメとのこと。

フランス語の diversité「多様性」とは、こういう事態を意味する。

（かとう・はるひさ／東京大学名誉教授）

リレー連載　今、世界は　7

ゾロアスター教の二元論

岡田英弘（歴史家）
宮脇淳子（東洋史家）

ヘーロドトスによる世界最初の歴史書『ヒストリアイ』は、アジアとヨーロッパが昔から対立し、最終的に、強大なアジアに対して弱小のギリシア諸都市が勝利する、という筋書きだった。

三九二年、ユダヤ教から分離したキリスト教がローマ帝国の国教と定められたため、このような地中海文明の歴史観にユダヤ教の影響が入った。もっとも影響したのは『新約聖書』の「ヨハネの黙示録」である。

世界の終わりの日に、神の御使とサタンの使が戦い、サタンが敗れて千年間封印される。ローマ皇帝に抵抗した人々が生き返り（第一の復活）、キリスト（メシヤ）とともに千年間、支配する。千年が終わるとサタンは最終的に打倒され、第二の復活があって、あらゆる死人は神の御座の前にさばかれ、イエスをメシヤと認めないユダヤ人は、火の池に投げ込まれて第二の死を受ける。

これは、世界は光明（善）の原理と暗黒（悪）の原理の戦場だが、最後に光明が勝って暗黒が亡び、それとともに時間は停止して世界は消滅する。その前に救世主が降誕して、最後の審判がある、と説くペルシアのゾロアスター教の二元論そのままである。ユダヤ人はペルシア帝国の支配下に長く暮らしたため、その影響を受けたのである。

「ヨハネの黙示録」はローマに対するユダヤ人の憎悪が最高潮に達した時期に書かれたもので、ユダヤ人だけのための預言だったのが、ヨーロッパ全体のヴィジョンとなってしまった。

世界はヨーロッパの善の原理と、アジアの悪の原理の戦場で、ヨーロッパの神聖な天命は、悪魔の僕《しもべ》であるアジアと戦い、征服することである。ヨーロッパがアジアに対して最後の勝利を収めた時、対立は解消して歴史は完結する、という思想が、十一世紀のイスラムに対する十字軍や、十五世紀に始まる大航海時代のヨーロッパ人の世界観を生んだ。

今のハリウッド映画も、この善悪二元論の影響下にあるのである。

（おかだ・ひでひろ／みやわき・じゅんこ）

連載　女性雑誌を読む　78

愛を貫いた歌人 柳原白蓮（一）

——『女の世界』32

尾形明子

柳原白蓮

　朝の連続テレビ小説「花子とアン」の主人公・村岡花子の親友「蓮さま」が評判になった。「蓮さま」は、歌人柳原白蓮。永畑道子『恋の華・白蓮事件』（藤原書店）が、版を重ねているが、私が解説を書いた。二〇〇八年から二〇〇九年にかけて「柳原白蓮展」（朝日新聞社主催）が日本橋高島屋から福岡三越まで全国五か所で開かれ、監修もした。「愛を貫き自らを生きた白蓮のように」というメッセージを展覧会にこめた。

　もちろん『女の世界』に、白蓮はリアルタイムで登場している。いろは順の「大正婦人録」は白蓮・伊藤燁子《あきこ》から始まる。「伯爵柳原義光氏の妹、明治十八年十月東京市麻布に生る。華族女学校東京英和女学校卒業、竹柏園門下に遊び歌集『踏絵』『幻の華』詩集『几帳のかげ』の著あり。伊藤伝衛門夫人、福岡における新らしい女の随一人なり。現住所、福岡県幸袋町」（六巻五号）とある。

　一九一八（大正七）年四月に筑豊疑獄事件の証人として法廷に立ち、『大阪朝日新聞』が一〇回にわたって「筑紫の女王燁子」を連載するなど、すでにマスコミをにぎわせていた。

　同年七月の『女の世界』には村上知行「新しい博多の二名物＝久保よりえ夫人と伊藤燁子夫人＝」が載る。「九州帝国大学医科大学耳鼻咽喉科の久保猪之吉博士夫人よりえ」と「傳ねむと綽號《あだな》された富豪伊藤伝衛門氏夫人燁子」を並べ「よりえ夫人を水色の花とすれば燁子夫人はあの濃艶な紫の花です。悩ましげに誇る紫の花です」として、燁子の矛盾に満ちた陰影ある性格を『踏絵』から読み解いている。

　一九二一年一月（七巻一号）には菊池寛が『真珠夫人』のモデル」として、当時『大阪毎日新聞』『東京日日新聞』に連載中の「真珠夫人」について、白蓮が人を介して掲載見合わせの依頼をして来たことを明かす。それに対して「いつも自分たちのことを書くのだと云ふやうな己惚れはお止しなさい」と答えたという。貧乏華族の美しい娘が金のためにはるか年上の男に嫁ぐ物語に、白蓮を連想した読者も多かったのだろう。

（おがた・あきこ／近代日本文学研究家）

連載　ちょっとひと休み 19

真夏の夜の夢

山崎陽子

猛暑の七月末、六十年前に宝塚音楽学校を卒業した同期生が舞台にたつことになった。同期の一人でダンススタジオを主宰しているTさんの提案で、スタジオが三十周年を迎えるので、発表会の演目に『思い出のコーナー』を組み入れ、皆に楽しんでもらいたいというのである。

「今年は、宝塚歌劇団創立百年だし、私たちが音楽学校卒業して六十年、そして皆は八十歳になるし……」とTさんが口走ったとたん、いくら何でもサバ読みすぎだとの反論が乱れ飛んだ。だがTさんはニッコリ、少しも動じない。

「百年、六十年、三十年ときたら八十歳がかっこええんや。固いことといわんと、チョイと背伸びして四捨五入したら八十や」上方気質の面目躍如である。

かつて娘役トップスターで、今なお衰えぬ美声を誇るKさんの歌う思い出の歌で踊ることになったが、稽古に入るや誰もが過ぎた歳月の長さを思い知ることになった。回ると立ちくらみする人や、方向感覚の退化で激突の恐れ勃発。稽古は惨憺たる有様である。

衣装は黒紋付きに緑の袴。式典の度この正装で整列する後輩の清々しい姿が目に浮かんだが、それは幻想にすぎなかった。信じられないことに袴の紐が届かないという珍事が起こり、縮んだ背丈に思いが至らず、足首を五センチのぞかせる独特の着付けもままならない。せめてメイクに期待したが、久々のつけ睫毛や濃いアイシャドウはサマにならず、殆ど顔面を強打されたボクサーである。

当初は皆で思い出を語るはずだったが、老女の昔話など面白いわけがないので現役時代の写真の前に立ち、それぞれが芸名と愛称を名乗るという恐怖の「ビフォーアフター」に変更。

百人余の可愛い生徒さんたちの見事なダンスの後の私たちの踊りは、あまりに見苦しかったに違いないが、六十年ぶりにライトの中で旧交を温めあったひとときには紛れもない青春の日の幸せがあった。

無謀を承知で老女たちに束の間の夢舞台を与えてくれたTさんの友情に、感謝せずにはいられない。

（やまざき・ようこ／童話作家）

■〈連載〉生命の不思議　7

生物はゆらぎを作る

生物物理学　大沢文夫

生物の細胞は脂質でできた膜に囲まれた一個のふくろである。単細胞生物では一個のふくろが一匹の生きもので、ふくろの中で生きものとしての活動が行なわれている。水の中の生きものでは、ふくろの膜はほとんど水を通さない。

この一個の細胞すなわち一匹の生きものの電気的性質を決めているのはイオンである。イオンにはプラスとマイナスがある。膜にはプラスとマイナスのイオンそれぞれだけを通す小さな穴がところどころにある。細胞の中全体としてはプラスとマイナスのイオンの数はほぼ等しい。

イオンを通す穴は開いたり閉じたりし、それに応じて各イオンが内から外へ、外から内へ流れると細胞内外のプラスとマイナスの電気量が少しずつ変わる。内外に電位差ができてそれがゆれる。膜を横切ってプラスマイナスのイオンの流れがまわっているようにみえる。この流れを循環電流という。

循環電流が流れてイオンの通る穴が開いたり閉じたりすると、細胞内外の電位差がゆれる。循環電流がないときは穴が開いたり閉じたりしても細胞内外の電位差はゆれない。細胞の膜を横断しての循環電流があるかないかが、電位差のゆらぎが大きいか小さいかの鍵となる。

実はゾウリムシの細胞では循環電流が大きい。一方われわれの神経細胞の軸索という信号伝達の役割をする部分は、循環電流がないように作られている。電位のゆらぎはゾウリムシの千分の一程度である。勝手に信号を作られては困るからだ。

もう一つ大切なことがある。それは循環電流が流れていると刻々エネルギーが消費されること。循環電流のために細胞内外の各イオンの濃度が変化する。細胞内のイオンの濃度を一定の状態に保つために膜にイオンポンプといわれる装置をそなえてイオンの出し入れをする。このポンプを動かすには細胞が別に作った化学エネルギーを消費する。いいかえれば細胞は大きな電位のゆらぎを作るためにわざわざ自分の細胞内で作ったエネルギーを使うのである。細胞が自発性をもつためのエネルギーである。

（おおさわ・ふみお／名古屋大学・大阪大学名誉教授）

「あなた」と「わたし」という関係の根源を問うた〝からだの哲学者〟

竹内敏晴さんが問い続けたこと

セレクション・竹内敏晴の「からだと思想」完結記念 九月七日 於・早稲田奉仕園

二〇〇九年九月七日に演出家の竹内敏晴さんが世を去られてから丸五年の命日、東京・早稲田奉仕園スコットホールにて、『セレクション・竹内敏晴の「からだと思想」』（全四巻）完結記念トークイベントが開催された。

基調講演の鷲田清一さんが、一九二一年竣工の由緒あるホールの檀上に立ち、やわらかな口調で「全国のお小さい方々……ではなくて、東京の大きい方々、ごきげんよう」と語り始めると、会場は一気になごやかな空気に包まれた。

セレクション第三巻に特別寄稿「無方法という方法」を執筆された鷲田さんは、東日本大震災を経た日本に、竹内さんが健在であったら、何を言っただろうか、と問いかける。そして、震災以後の、ことばが氾濫する状況において、あえてことばを表出せず、「ことばを仕舞う」ことの重要さを、竹内さんが著作のなかで何度も引用したサローヤンの文章に言及しながら指摘した。

後半は、疫学者で、「からだ」を通じて医療をはじめとする近代社会の制度を捉え直してきた三砂ちづるさんも登壇し、鷲田さんとの対談となった。

出産を経験した女性が自らの「からだ」の本質的な力に気づく場面に数多く接してきた三砂さんは、そうした本質的な力を、どのようにして日々を生きる力に結びつけていくか、竹内さんの仕事をひもときながら考えを述べる。

お二人の対談は、関西弁のリズミカルなやりとりで盛り上がってゆき、会場はしばしば笑いに包まれた。

終演後のアンケートでは、「言葉のもつ多層性の感覚世界を丸ごと理解し受け入れ合うことが必要なのだろうと思った」「言葉と身体感覚の違和、話そうとして言葉にならないうずきを聞き取ろうとする生活を送りたい」など、熱心な感想が目についた。こうした講演や対談を通じて、「からだとことば」に真摯に向き合った竹内さんの軌跡が、新たな読者へと結びついていくことを願う。（編集部）

九月新刊

出版とは、「ひと」がつくる手工業である

粕谷一希随想集（全3巻）完結

推薦＝塩野七生・半藤一利
福原義春・陣内秀信

3 編集者として［最終配本］

解説＝川本三郎　口絵二頁

生涯"一編集者"として生きた著者の、編集、出版、そしてジャーナリズムへの視線とは。人と人とのつながりに基づく家業としての編集を原点とした、不朽の出版論の集成。

月報＝石川九楊・今橋映子・陣内秀信・高橋英夫・田中健五・中村良夫・半藤一利・藤原作弥

四六変上製　四三二頁　三二〇〇円

自筆資料から実像に迫る！

古文書にみる榎本武揚

思想と生涯

合田一道

裏切り者か、新政府の切り札か。その複雑な人間像と魅力を、榎本家に現存する書簡や、図書館等に保管されている日記・古文書類を渉猟しあぶり出す。膨大な資料を読み解く中でその思想、信条に触れながら、逆賊から一転、政府高官にのぼりつめた榎本武揚という人物の実像に迫る。

［附］年譜・人名索引

四六上製　三三六頁　三〇〇〇円

「すべての学問は一つである。」

全体史の誕生

若き日の日記と書簡

ジュール・ミシュレ

大野一道編訳

ミュレは、いかにしてミシュレとなりえたか？　アナール歴史学の父、ミシュレは、古典と友情の海から誕生した。万巻の書を読み精神の礎を築き、親友と真情を語り合い人間の核心を見つめたミシュレの青春時代の日記や書簡から、その稀有な精神の源に迫る。

四六変上製　三二〇頁　三〇〇〇円

秋田・大潟村開村五十周年記念

汝の食物を医薬とせよ

"世紀の干拓"大潟村で実現した理想のコメ作り

宮崎隆典

"世紀の干拓"で生まれた人工村で実現した、アイガモ二千羽による有機農法とは？　日本の農業政策の転変に直撃された半世紀間、本来の「八十八」の手間をかけたコメ作りを追求し、画期的な「モミ発芽玄米」を開発した農民、井手教義の半生と、日本農政の未来への直言を余すところなく記す！

四六判　二二四頁　一八〇〇円

読者の声

異形の明治■

▼ここ百年から二百年迄の日本及び東アジアの歴史に興味がある。明治が短期で出来たことが興味深い。

（大阪　**竹内義金**　86歳）

世界精神マルクス■

▼ぼくはこれまでマルクスの伝記はよんだことがありませんでした。この本によると彼はポジティブな性格で体格も良かったようです。「健全な思想に健全な体格宿る」といいますからその中から彼の大作も生まれたのでしょう。ぼくはその反対です。

　マルクスの思想は、イデオロギーとして世界唯一のものだと考えます。もし彼がいなかったら世界も変っていたと思います。最初から最後まで精読するのは不可能だと思いまして、飛ばし読みしました。

　大体その主旨はつかめたと思います。どうも有りがとうございました。

（熊本　**永村幸義**　67歳）

粕谷一希随想集Ⅰ　**忘れえぬ人びと■**

▼この本を読んで、この歳になって再び、読書の楽しみが甦って来たことを嬉しく思っています。『文藝春秋』八月号の塩野七生「ある出版人の死」を読んだことを感謝しています。

（東京　**布田榮作**　78歳）

粕谷一希随想集Ⅱ　**歴史散策■**

▼既刊の単行本に未収録の文章が多くて、Ⅰ巻よりは新鮮であった。今後は、彼の対談集などを、廉価な本で刊行していただきたい。

（宮城　会社員　**鈴木孝**　62歳）

内田義彦の世界■

▼大変興味深く読めた。内田先生は奥深い。私は一九七〇年に大学セミナーハウスではじめて先生にお会いし、七一年専修の大学院で、七四年同博士課程で都合二年間教えを受けた。直接の門下生ではないが、学生時代から多くのことを学んだ。私の著書でもその面のことを書いた。この先生は一生ものだ。

（青森　大学教員　**戸塚茂雄**　66歳）

生きる言葉■

▼昭和文学史、昭和思想史が、意表をついてしかも分かりやすく紹介されていることに感服しました。現場でつぶさに見ていた人の証言であるだけに読み返してさらに感服します。

（香川　会社員　**妹尾健**　46歳）

岡田英弘著作集Ⅲ　**日本とは何か■**

▼暑い夏に、クーラーの中でじっくり楽しんでいます。

　歴史、日本、自分が益々、好きになりました。ありがとうございます。

（神奈川　薬剤師　**森嶋まつ子**　58歳）

▼岡田氏の他の著作よりも、読みやすく思います。日本国のなり立ち、天皇という存在、とても興味があります。

　八切止夫氏の歴史との、類似点をさがしながら、まだ三分の一程しか読んでいませんが、読みごたえのある本だと感じています。これからが楽しみです。

　又、息ぬきに（？）五二三頁からの「おわりに」の文も読み涙しました。

（埼玉　主婦　**塚田昌子**　50代）

大田堯自撰集成■

▼もう三〇年以上も昔、学校の職員研修に大田先生をお招きして以来ずっと先生への「追っかけ」をしています。このたびの『自撰集成』願ったり叶ったりです。深謝あるのみ。

（京都　NPO法人理事　**比嘉昇**　74歳）

日本経済は復活するか■

▼発刊直後に購入しましたが、疾病等の影響もあり、読むのが遅くなってしまいました。もっと早く読破したかったです。

「アベノミクス」、とりわけ金融緩和政策に関しては、かねてより「リフレ」に興味を抱いていた私は高い期待を寄せていましたが、消費税八%増税により、田中先生や片岡剛士さんが第Ⅳ部で懸念されていた通りの展開になりつつあり、とても心配です。ひとまずは、一〇%への引き上げを延期する方向に行ってほしいと願っています。また、私の周りには左派系の知人が多いのですが、政治的イデオロギーの違いから、「アベノミクス」に否定的な人が多いです。彼らには、本書中の、松尾匡先生の論説やロベール・ボワイエ氏へのインタビューを紹介し、誤解を解ければと思います。

（福島　**岩沢剛**　39歳）

親鸞から親鸞へ■

▼野間宏と三國連太郎の親鸞をめぐっての、二人の学識と今の時代への訴えが映画と絡ませてよく出ていて面白く読めました。ただ、残念なことに活字が少し小さすぎて読みづらく感じました。この点も考慮してほしいと思います。『ＮＨＫと政治権力』（岩波現代文庫）のような本を出してほしいと思います。

（東京　会社員　**佐藤譲美**　52歳）

携帯電話亡国論■

▼他ならぬ私も携帯やパソコン、電子レンジ等の電磁波に頗る危機感があり、昨年携帯を解約しました。恨むらくは我国及国民の公害物質容認体質です。車の騒音、排気瓦斯、喫煙、ダイオキシン、農薬、食品添加物、あらゆる合成薬品は国を亡します。電磁波とともに撲滅すべきです。

（埼玉　私立幼稚園事務員　**尾澤清**）

金子みすゞ　心の詩集■

▼全ての事象、動植物に対する優しさがある。感性の深さを覚えます。

（東京　会社役員・財団法人役員　**金子重雄**　64歳）

ルーズベルトの責任㊤■

▼約六ヶ月かかって読み終えました。活字がおおきくて助かります。すばらしい内容だった。

（兵庫　自営　**春上晃一**　62歳）

ウクライナの発見■

▼ウクライナの政治情勢については、近年、マスコミで超大々的にニュースフラッシュをあびているが、「ウクライナ国」そのものの由来やモンゴル帝国支配以上、その昔も、その後も、殆ど報道も解説も、されていない。正に時宜を得た出版と思う。

（秋田　会社役員　**佐川光男**　82歳）

ゴルバチョフ・ファクター■

▼北方四島返還、樺太問題、ナホトカ、ウラジオストック、ウスリースク、ハバロフスク、コムソモリスク・ナ・アムーレ、ブラゴベシチェンスク等の写真集と紹介・文芸記事等を読みたい。『ニューズ・ウィーク』二九年前の英字版ゴルバチョフ特集は大変為になり参考になった。

（大阪　会社員　**金光善憲**　50歳）

乳がんは女たちをつなぐ■

▼本書は数年前にご主人の大津定美先生のご紹介で知りました。涙なしでは読めない本であると同時に、皆さんにすすめたい書物です。

克服され、ご主人と共にではありますが、Oxford, St. Petersburg、ブダペストにも行かれ、積極的にCommunityに参加されたと、私に勇気を与えて下さいました。ありがとうございました。

（和歌山　和歌山大学経済学部教授　**斉藤久美子**　55歳）

石牟礼道子全集 不知火■

▼『石牟礼道子全集 不知火』のご完結、おめでとうございます。
　私も先月六月十四日『別巻』を金華堂書店で購入し、全17巻、別巻一を揃えました。
　「完結記念シンポジウム」のちらしも、送料が高くつくのに、折り曲げずに送付された所に石牟礼さんを大事にされている気配りを感じとりました。

（佐賀　**西村信行**）

アメリカ小麦戦略と日本人の食生活■

▼日本人は非常に勤勉家で国民は厚生省より賢い。アメリカ人は六〇％以上の知識をテレビで学習しているため非常にたくさんの人が次々と新しい病いを発し、これをたねに薬、医者はこの業界の人はもうけを開発している。これを特許と呼ぶ。

（東京　主婦　**ニイーメス善子**　40代）

書評日誌（八・八〜九・一）

(書) 書評　(紹) 紹介　(記) 関連記事
(イ) 紹介、インタビュー

八・八〜九　(記)共同配信「セレンディピティ物語」（「セレンディピティ　偶然を生かす」／「失敗恐れず、飛躍的な発想生まれやすく」／澤泉重一）

八・九　(記)熊本日日新聞（石牟礼道子）（「いま石牟礼文学を読み解く㊤」／「時代見つめ直す指標に」「特異な世界観新解釈も」／「石牟礼大学」／浪床敬子）

八・九〜一三　(記)共同配信（鶴見和子・山百合忌）（「社会学者・鶴見さん没後8年」／「面影いまだ鮮やか」）

八・一〇　(記)熊本日日新聞（石牟礼道子）（「いま石牟礼文学を読み解く㊦」／「弱者の言葉聞き取る能力」「日本の近代文学を〝初期化〟」／「石牟礼大学」／浪床敬子）

(書)読売新聞「時代が求める後藤新平」（「本よみうり堂」／橋本五郎）

(書)読売新聞「万象の訪れ　わが思索」（「本よみうり堂」／若松英輔）

八・一三　(記)中日新聞（夕刊）（石牟礼道子）（「夕歩道」）

八・一五　(記)産経新聞（粕谷一希）（「正論」／「「8・15」に思う」／「「歴史戦」必勝を英霊の前に誓う」／新保祐司）

(記)毎日新聞（竹内浩三）（「余録」）

八・一九　(紹)朝日新聞（夕刊）「石牟礼道子全集　不知火」（「石牟礼道子　十代の不安」／北野隆一）

八・二二　(記)毎日新聞（夕刊）「「石牟礼道子全集」完結記念シンポジウム」（鶴谷真）

八・二三　(記)朝日新聞（夕刊）「セレクション・竹内敏晴の「からだと思想」完結記念トークイベント」（「パブリッシャーズ・インフォ」／「からだの哲学者・竹内敏晴さんの思想を深める鷲田清一さん×三砂ちづるさんトークイベント」）

(紹)東洋経済日報「別冊環⑳　なぜ今、移民問題か」（「BOOK」）

八・二五　(紹)読売新聞「別冊環⑳　なぜ今、移民問題か」（「思潮」／「人口減少　国民的テーマに」／「移民受け入れにも踏み込む」／植田滋）

九・一　(紹)クレヨンハウス通信「なぜ〈ジョルジュ・サンド〉と名乗ったのか？」（「Woman's EYE」）

九月号　(紹)月刊美術「書簡で読み解くゴッホ」

十一月新刊

＊タイトルは仮題

日韓関係は何が問題なのか?

日韓関係の争点

小倉紀蔵・小針進編

小倉和夫／小此木政夫／金子秀敏／黒田勝弘／若宮啓文／小倉紀蔵／小針進

近代の不幸な歴史を経て、それでも戦後何とか関係を築こうとしてきた日本と韓国。しかし今韓国はにわかに日本攻撃を強め中国に接近し、日本はいよいよ態度を硬化させ集団的自衛権で騒ぎ始める。隘路に入りこむだけの「右」「左」批判応酬合戦ではなく、いまの日韓関係を全体として打開するための道筋を描く。

右傾化を憂う「知日家」社会学者が見た日本

幻滅

一外国人社会学者の戦後日本観

ロナルド・ドーア

戦後まもなく来日し、「知日家」社会学者として邦訳された著書も多い著者が、戦後七十年を経た今の日本をどう見るか。依然としてどこよりも暮らしやすい国、しかし中国、韓国ほかの近隣諸国と軋轢を増す現在の政治、政策には違和感しか感じない国、日本。一外国人だからこそ言える、これからの日本人への痛烈なメッセージ。

ヨーロッパ成立史の決定版

ヨーロッパの誕生

ジャック・ル＝ゴフ

菅沼潤訳

「ヨーロッパの誕生」を知ることなくして、「ヨーロッパ」を理解することはできない！　アナール派を代表する中世史の泰斗が、四世紀から十五世紀に至る十世紀間に、意識として、そして地理的境界としての「ヨーロッパ」が生成するダイナミックな過程の全体像を明快に描いた、ヨーロッパ成立史の決定版。

石牟礼道子の原点を知る最重要資料！

不知火おとめ

若き日の作品集 1945–1947

石牟礼道子

十七歳から二十歳までの石牟礼道子の原点を理解する必読の未発表作品の集成。小説第一作「不知火おとめ」は二十歳の時に書かれた作品。その他、小説短編や詩、エッセイなどを集めた「ひとりごと」（一九四六—四七）「未完歌集　虹のくに」（一九四五—四七）や代用教員時代の「錬成所日記」（一九四五）、「若き日の石牟礼道子の便り」（一九四六）、書画などが収められている。

10月の新刊

タイトルは仮題、定価は予価。

『環 歴史・環境・文明』59 14・秋号 ＊
〈特集 江戸・東京を問い直す〉
青山佾＋片山善博＋中村桂子＋岩渕令治／宮脇昭／小沢信男／陣内秀信／中島純 ほか
菊大判 四八〇頁 三六〇〇円

世界の街角から東京を考える ＊
青山佾
四六判 四〇八頁 二五〇〇円

岡田英弘著作集（全8巻）
5 現代中国の見方 ＊
月報＝マーク・エリオット／岡田茂弘／古田博司／田中英道
四六上製布クロス装 五九二頁 四九〇〇円

知識欲の誕生 ＊
ある小さな村の講演会 1895–96
A・コルバン 築山和也訳
四六変上製 二〇八頁 二〇〇〇円

〈新版〉**学生よ**
一八四八年革命前夜の講義録
J・ミシュレ 大野一道訳
四六上製 三〇四頁 二五〇〇円

11月刊予定

不知火おとめ ＊
若き日の作品集 1945–1947
石牟礼道子

幻滅 ＊
一外国人社会学者の戦後日本観
R・ドーア

日韓関係の争点 ＊
小倉紀蔵・小針進編
小倉和夫／小此木政夫／金子秀敏／黒田勝弘／若宮啓文／小倉紀蔵／小針進

ヨーロッパの誕生 ＊
J・ル＝ゴフ 菅沼潤訳

入門『身体の歴史』
小倉孝誠・鷲見洋一・岑村傑

動物たちのおしゃべり
絵 ミルコ・ハナアク／文 山崎陽子

好評既刊書

粕谷一希随想集（全3巻） 完結
3 編集者として ＊ ［最終配本］
解説＝川本三郎
四六変上製 四三二頁 三二〇〇円

古文書にみる榎本武揚 ＊
思想と生涯
合田一道
四六上製 三三六頁 三〇〇〇円

全体史の誕生 ＊
若き日の日記と書簡
J・ミシュレ 大野一道編訳
四六変上製 三二〇頁 三〇〇〇円

汝の食物を医薬とせよ ＊
“世紀の干拓”大潟村で実現した理想のコメ作り
宮﨑隆典
四六判 二二四頁 一八〇〇円

〈特集〉**社会思想としての科学**
社会思想史研究38号 社会思想史学会編
A5判 三二二頁 二八〇〇円

吾輩は日本作家である
D・ラフェリエール 立花英裕訳
四六上製 二八八頁 二四〇〇円

甘い漂流
D・ラフェリエール 小倉和子訳
四六上製 三三八頁 二八〇〇円

異形の明治
新保祐司
四六上製 二三二頁 二四〇〇円

『苦海浄土』論
同態復讐法の彼方
臼井隆一郎
四六上製 二八八頁 三二〇〇円

『環 歴史・環境・文明』58 14・夏号
〈特集「匠」とは何か〉
石牟礼道子／宮脇昭／永六輔／奥田瑛二／櫻間金記／上田正昭／岡田英弘ほか
菊大判 四〇八頁 三六〇〇円

＊の商品は今号に紹介記事を掲載しております。併せてご覧戴ければ幸いです。

書店様へ

▼9／27(土)『毎日』(夕)に引き続き、10／3(金)『朝日』(夕)でも石牟礼道子さんの未発表の第一作短編発見が報道！「不知火をとめ」、「ひとりごと」他を収録の**石牟礼道子**さんの初期作品集『**不知火おとめ**』は11月下旬に刊行予定です。乞うご期待！▼9／4(木)、9／12(金)と二度にわたるNHK-BSプレミアム「英雄たちの選択」での「関東大震災 後藤新平・不屈の復興プロジェクト」放送に引き続き、9／26(金)にはBS-TBS「THE歴史列伝 そして傑作が生まれた」で「帝都復興計画 後藤新平」が放送され、『**時代が求める後藤新平**』、『**震災復興 後藤新平の一二〇日**』が紹介。「後藤新平に学ぶ震災復興」フェアをぜひ！▼8／25(月)『読売』「論壇誌」欄で、いくつも掲載論考を取り上げていただいた『**なぜ今、移民問題か** 別冊『環』⑳』。編集にご協力いただきました宮島喬・藤巻秀樹・石原進・鈴木江理子の四氏からの推薦図書をベースに「なぜ今、移民問題か」フェアリストを作製しました。お気軽にご相談下さい。 （**営業部**）

『粕谷一希随想集』完結記念

粕谷一希さんを偲ぶ会

『粕谷一希随想集』（全三巻）発刊直後の五月三十日に逝去された粕谷一希さんを偲び、また先月末の随想集完結を記念して、「偲ぶ会」を開催させていただきます。

【日時】10月31日(金)午後6時〜
【会場】神田・学士会館
【会費】一万円
※お申込み・問合せは藤原書店　係まで

『石牟礼道子全集・不知火』(全一七巻・別巻二)**全巻ご購入者特典**

二〇〇四年の発刊から一〇年、石牟礼道子全集・不知火が、最終配本の別巻『自伝』刊行をもって完結いたしました。全巻ご購入のお客様には、著者自筆の「花を奉るの辞」を贈呈いたします。各巻のオビに付いております請求券計一八枚を揃えて小社までお送り下さい。（封筒に「全巻購入者特典請求」とご明記ください。）

一海知義氏の体調により、今月号の連載「帰林閑話」を休載いたします。

別冊『環』⑳刊行記念

なぜ今、移民問題か

労働、人口、そして日本の未来像の問題として、いま最も注目される「移民問題」を巡り、気鋭の論者によるシンポジウムを開催します。

〈パネリスト〉
中川正春（衆議院議員、元内閣府特命相）
藤巻秀樹（北海道教育大学教授）
石原　進（元毎日新聞論説副委員長）
宮島　喬（お茶の水女子大学名誉教授）
司会・**鈴木江理子**（国士舘大学准教授）

【日時】11月29日(土)午後2時〜
【会場】早稲田奉仕園
【会費】一五〇〇円（先着50名）
※お申込み・問合せは藤原書店　係まで

●〈藤原書店ブッククラブ〉ご案内●

▼会員特典は、①本誌『機』を発行の都度ご送付／②（小社への直接注文に限り）小社商品購入時に10%のポイント還元／③送料のサービス。その他小社催しへのご優待等。詳細は小社営業部まで問い合せ下さい。
▼年会費二〇〇〇円。ご希望の方は、入会ご希望の旨をお書き添えの上、左記口座番号までご送金下さい。

振替・00160-4-17013　藤原書店

出版随想

▼『岡田英弘著作集』の動きが頗るいい。今月は、第五回配本だが、これまで配本したすべての巻は増刷を重ねている。著作集といっても、従来刊行された本を収録するという安易な編集スタイルはとらず、各巻、五人の編集スタッフが検討を重ねて編集した書である。「歴史とは何か」「世界史とは何か」「日本とは何か」「シナ（チャイナ）とは何か」とあるが、要は、「岡田史学」とは何かということだ。

▼学界からもジャーナリズム界からも異端とみなされ、岡田史学は今の日本では受容されているとは言い難い。何故か？　しかし、海外における岡田評価は高い。十数カ国語を駆使され、英語論文も多数あり、歴史学者として世界に認められている氏が、何故、この国内で認知されること甚だ少ないのか？　米ハーバード大のM・エリオット教授は岡田氏の弟子である。第五巻の月報で氏は、最後に「何の面識もなかった若いアメリカ人学生を支援し、それ以来変わらぬ励ましと友情を持ち続けてくれる先生」と、氏への学恩を語っている。

▼学問の世界は世界に開かれているわけだから、日本国内だけでの評価に一喜一憂するものではないだろうが、それだけの学者をどうして国内で相応に評価できないのだろうか。学閥とか好き嫌いは別にしてもだ。

『岡田英弘著作集』を何の偏見なく読んでいただければ、岡田史学が、いかに的を射た歴史学であるかが、おわかりいただけるものと思う。学問とは真理・真実の探求以外の何であろう。学者とは、それを真に実践する人のことである。（亮）

分かっている。それはその四十年前、善良なるアルスの司祭〔聖ヴィアンネ。村人の宗教心回復に尽した〕が示した単純さそのものであり、彼の訓戒は農村地域における司牧説教術の模範となっていた。

再度、例として、リモージュ司教区小教区ヌアンの司祭が一八六四年五月から一八六五年四月一日にかけて行った六〇回の説法で取り上げた主題について見てみよう[3]。そのうちの二十回は七つの秘蹟に関するもので、具体的には聖体拝領や告解の呼びかけ（十四回）、堅信の意義（三回）、聖体の永久崇拝の意味（二回）などが取り上げられた。聖母マリアに関する説法が十二回、悪魔、罪と罰が九回、聖人崇拝が七回、祈りや苦行の必要性が六回だった。残りの六回は、慈善行為の必要性（二回）、死者の魂の供養、主人と使用人各々の務めなど様々な主題に向けられている。

そのすべては、ボモール氏の講演の内容とは根本的に異なっている。ヌアンの教会内で行われた説法では、現今の事柄や進歩については触れられていない。例証のモデルが異なっているのだ。ごく単純なものであれ、説教は垂直的言辞にとどまり、神の権威を表す。説法は典礼の最中に行われた[4]。説法は救済の道に導くべき信徒に対する神父の責務なのである。小学校教師の言葉は、それとは反対に、聖なるものとは断絶している。その言葉は別の時間性に位置づけられ、永遠性の照準には無関心なのである。

確かに、農村の住民たちは神父の言葉とは別の権威的な言葉に親しんでいた。それは、十九世紀をとおして様々なかたちで続けられた、現代の歴史家たちが「情報セレモニー」と呼ぶものである。(5)ミサが終わった後、たいていは教会付近の墓地のなかで、村長が住民たちに語りかけニュースを伝えるのが習わしとなっていた。ときには、とくに政治的に大きな変動があった場合、その言葉は特別な重要性と厳粛さを帯びた。一八三〇年、七月王政の成立直後、フランス革命や第一帝政で重要な役割を果たしオルヌ県の小村エセーの村長となった〔ピエール・ルイ〕ロデレールは、「自由を教えるために」――彼自身の言葉である(6)――地元の国民兵を集めた。一八四八年十一月、中央高地にある小村の若い村長は、墓地の塀を背に腰を下ろした住民たちに対して、第二共和政憲法の条文を読み上げ説明しようと決意した。朗読は大失敗に終わった。その内容は聴衆にはほとんど意味不明で、皆をどっと笑わせた。(7)

政治集会、とくに男子普通選挙制度の確立以後、選挙運動の際に開かれていた政治集会は、トクヴィルが回想録の中でやや軽蔑をこめて「大道芝居の演説家」と評している人たちによる演説が披露される機会となっていた。だが、それはとくに都市やせいぜい小郡の行政中心地での話である。小さな村では、選挙運動はやはり口承性に依存するものの、それほど厳粛ではない別のやり方で行われていた。(8)宣伝内容は戸別訪問を展開する活動員に委ねられていたか、あるいは有力な候補者と有権者の親密で直接的な対話の中で伝達されており、貴族または大衆の支援の重要性を示すものだった。

それらの状況以外に、リムーザン地方では口承で政治思想を広めようとする試みが列挙しきれないほどいくつも認められる。いまだ垂直的な言葉によるそうした宣伝方法は、田舎の人々にはしばしば嘲笑をもって受け止められていたことを指摘しておこう。彼らは彼らなりのやり方で自分たちの共同体、利益、未来を思い描いていたのである。(9) 一八三〇年、サン゠シモン主義者の使節団《ミッション》——意味深長な言葉だ——が、社会主義を広めようとオート゠ヴィエンヌ県で活動を展開した。七月王政末期、その地方で共和派の代表格だったテオドール・バックが労働者をリモージュ近郊の栗林に集めて、彼らに民主主義思想を吹き込もうとした。一八四八年一月二日、彼は今度は町の真ん中で共和派の大規模な改革宴会の際に重要な演説をぶった。そのような催しは当時政治的に大きな重要性を帯びていたが、そこでは社会的上下関係がまさに演出されていた。立ったまま来賓を取り囲む大衆は、観客かぼんやりとただ聞いているだけの聴衆としてしか入場を許されていなかったのである。第二共和政の間には、パリから「クラブのクラブ」派遣でやって来た社会民主主義者がリムーザン地方を巡回して自分たちの主張を広めた。

本書が対象とする時代にこの地方で開かれた無政府主義者の演説会については、隠蔽されることも多いので、さらに強調しておこう。確かに聴衆の数は限られてはいたが、演説者は農民たちも射程に入れていたのである。じっくり話を聞いてもらおうと、ときに演説者は木の根元

の地面に座ることもあった。(10)

真実を広めると主張する言葉に耳を傾けるこうしたきわめて様々な機会を全体的に見渡すと、モルトロールの小学校教師の言葉の独自性が理解できる。まず始めに、「講演」という用語そのものが帯びる意味について考えてみよう。十九世紀末にごく一般的だった辞書によれば、その語は「その知識が公衆にとって有益と思われる題材について行われる演説」を指している。「講演《コンフェランス》」という語の使用は集会や弁舌の重々しさを緩和するものといえよう。外交でも同様で、だから協議《コンフェランス》は会議《コングレ》とは別なのである。聖職者のスピーチに関しても、講演は説教よりもソフトな印象を与える。大学では、准教授《メートル・ド・コンフェランス》はもっぱら教授の講義をわかりやすく解説する。公開講演とは、ピエール・ラルース辞典の説明では、「公衆の関心を引きうる道徳的、政治的、文学的問題についての一種の親しみやすい講義。そのため、テーマはやや表面的に扱われる」。

さて、モルトロールの集会の領域に入ることにしよう。「講演」はこの場合、専門家の集会という意味を帯びていない。実際、聖職者を集めたカトリック教会の講演会、若い弁護士に仕事の心構えを説く「弁護士の講演会」、初等教育に関わる諸問題について考えさせることを目的とした「小学校教師の講演会」が存在した。一方で、モルトロールの講演会の計画は、主に技術的知識を与えることを目的としてオート＝ヴィエンヌ県の多くの学校で開かれていた大人向けの「夜学」とは根本的に異なる。

一八八二年四月四日付の通達でジュール・フェリーが示した「夜学」と「大衆向け講演会」の区別は注目に値する。夜学は七月王政の頃から存在していた。第二帝政末期の一八六六年、デュリュイ大臣はそれを強力に推進した。基礎を教えるべく非識字者に向けた授業と、自己を高めること、あるいは多くの場合、技術的知識を獲得することを願う大人向けの授業があった。一八六九年には、そのような授業がオート＝ヴィエンヌ県の二〇一の村に存在し、四千五百人、各クラス二十名程度の大人がそこに通っていた[11]。授業は冬の夜、七時から十時の間に週三回行われていた。田舎では、通学していた労働者、手工業者、農民は、平均で往復六キロから八キロ歩いたにちがいない。モルトロールでは小学校教師のフランソワ・ラヴィロリーが、石工たちが里帰りしている極寒の四カ月間、十九名の生徒を無償で受け入れていた。より古い時代の授業計画を見ると、こうした大人向けの授業の中で石工たちに石の切り出し方、モルタルやセメントのつくり方、壁の垂直性の確認方法、建物の測量、ならびに重さや長さの測定法を教えていたことがわかる。

皮肉なことに、このような大人向けの授業の数はオート＝ヴィエンヌ県では第三共和政下で減少する一方だった。一八九〇年から一八九五年の間には、授業はもはや県下の二つの村でしか行われていなかった。

そのような歴史を正しく理解するためには、その元となった一八八二年四月四日付のジュール・フェリーによる通達に立ち戻る必要がある。[12] 大臣は集会や訓練の三つのタイプを区別している。（一）主に読み書きのできない大人向けの基礎教育の授業（二）「学校で受けた教育の継続を希望する若者向け」の特別授業または補足授業。われわれはこの二つのカテゴリーは考慮しない。というのも、モルトロールでは一八七五年以降にその形跡が見当たらないからだ。われわれの目的にとって興味深く最も重要なのは第三のカテゴリーであり、それはジュール・フェリーが、「事前に決定し県の公教育委員会による承認を受けたテーマについての」「朗読または大衆向け講演会」と定めたものによって成り立っている。

明らかなことに、大臣はこうした講演会の普及を先送りしている。実際、「教師たちをこの最新様式の教育から排除するわけではないが、彼らに過剰な要求をすることも避けなければならない」と書いている。つまり教師たちはすでに多くの仕事を抱えていたのだ。そこには、学校教育の進歩と講演会のような周辺事業の競合という考えが浮かび上がってくる。ジュール・フェリーは後者に対しては大人向け授業に割り当てられた予算を適用することを禁じた。要するに、講演会は無償の奉仕活動でなければならないのだ。それによって、ボモール氏がささやかな「報酬」しか得られなかったのも説明がつく。

困難を自覚していたジュール・フェリーは次のようにも書いている。「今すぐに朗読や講演会をあらゆる市町村に普及させるのは無理なことだろう。このような成人教育の様式はとりわけ困難で微妙なものである。その成功のためには、魅力を与えることが不可欠で、その目的を達成するには、中等教育に携わる教員の、また、私はそれを期待するのだが、高等教育に携わる教員の協力に頼ることも許される。おそらく多くの町では、医師、薬剤師、技師、その他の暇を持て余している教養ある住民たちも同様にその進歩的事業への参加に同意してくれるだろう。時間と経験とともに、このような大衆向け講演会をわが国の習慣に定着させることが可能となるだろう。(…)だが実際には、初期の段階ではかなり限定された範囲でしかそれは実現できないだろう」。事実、ボモール氏は一八九五年にオート＝ヴィエンヌ県でそれを執り行った唯一の小学校教師であり、それがその重要性の基盤となっているのである[13]。

とはいえ、モルトロールの講演会がそのよい例だが、講演会は大学の上層部が望むものでもあった。「植民地党」をはじめとする様々な圧力団体も講演会を奨励した。講演会のプログラムは各所でそれらあらゆる組織によって構想されていた。したがって、ボモール氏の考えには独自のものは何もない。そうした集会の内容モデルすら存在していたのだ。だが、モルトロールの講演会はそれでもやはり例外的である。それは、文化的後進性が顕著だった県において講演会が希少だったこともあるが、何と言っても一八九五―一八九六年の冬の三カ月間に人数も判明している聴衆を前に実際に行われた一連の講演のすべてを追跡することができるという理由による。

このような種類の講演会は、人民大学の歴史に表されるようなスピーチによる大衆教育の大いなる夢の一環をなすものである。その希望は第二次世界大戦直後まで根強く残った。モルトロールで行われた一八九五年のちっぽけな集会は、当時パリや大都市を席巻していた社交界における講演の大流行とは対局に位置する。「今日、そのようなものがあちこちで行われている」と二十世紀初頭に出版されたラルース百科事典の「講演会」の項目の執筆者は嘆いている。その執筆者によれば、そうした講演会はある種のスノビズムに属するものでもあった。かくして、プロの講演者の時代、フランス中をまわって時には外国にも招待される大作家の時代が到来したのである。このような社交界における様々なかたちの講演会の開催は、十九世紀に誕生し発展した無数の学会の会員たちを喜ばせた。小都市のブルジョワは、外国からフランスに戻って来た探検家や普通の旅行者の体験談、採集を披露してくれる植物学者の話を好んだ。

今日では、そのような講演者との直接対話に向けられる関心は、その後ラジオやテレビの番組が登場して、薄れる傾向にある。『ル・モンド』紙は毎日のようにいくつかの講演会の予告を掲載しているが、それもただの囲み記事にすぎない。コレージュ・ド・フランスの「講義」は〈市民大学講座〉と同様に一般に開かれているし、ブロワの歴史フェスティバルがそうだが、何百ものフェスティバルの主催者が講演者を招き続けている。とはいえ、今や討論会や座談会がそのようなかたちの知識の口承と競合している。

モルトロールの講演会は取るに足らないものに思えるかもしれないが、文化史の重要な一時期を特徴づける直接対話の欲望をそれなりの規模で表してもいる。講演会が反映するのは、前述した大いなる夢、スピーチの有効性に対する信頼、また、知識人——この十九世紀末に台頭した——の側からの大衆教育の進展におけるその必要性の確信である。私は、国際連盟（LN）の文化機関である国際知的協力委員会（ICIC）の報告書の中で、予想されるテレビの出現とその出現が労働者の教育過程にもたらすおそれのある革命によって一九三八年に巻き起こった不安について読んだのを思い出す。報告者の一人は、各番組に先立って労働者向けの講演を開き、これから視聴するものについての心構えを与えるのがよいだろうと考えていた。この一九三八年という年において、その提案は半世紀前にモルトロールの講演会が実現していた大衆教育方法の理論のなかに位置づけられるものだった。

ボモール氏の講演会に出席した女性の人数が男性よりも少なかったのは、女性が家事、子育て、家禽の世話に従事しなければならなかったからである。それでも、愛国心が話題となった講演には五〇人ほど、アルジェリア、チュニジア、スーダンについての講演には六〇人ほどの女性が集まった。

（二十世紀初頭のモルトロール。写真：オート＝ヴィエンヌ県議会、オート＝ヴィエンヌ県立史料館）
（Morterolles, début du XXe siècle.
Photo Conseil général de la Haute-Vienne—Archives départementales de la Haute-Vienne.）

第9章

「どのようにして農業の生産性を上げるか」（第5回講演）

「この会場に大勢いらっしゃる農家の方々は、今夜はとくに関心をもって集まっていること と思います。先祖代々生涯にわたって畑を耕してきた自分たちに小学校の教師が何を教えることができるのかと思っているでしょうが、若い人たちは、私が学校の庭、あのわずか二アールの広さの庭で行った園芸教育のことをおぼえているでしょう。皆さんにこれからきわめて手短にお伝えするのは、私が師範学校で学んだ知識です。リモージュで私が学んだ教育内容は農学にそれなりの重きを置いていますが、それは私たちが住むこの田舎では、その科学が――とても古い科学です。古代ギリシャやローマの学者たちはすでにそれを研究して、分厚い概説書を残しています――私たち皆が押し進めようと努力している進歩を表すものだからです。

共和国政府は樹立以来それに大きな注目を払ってきました。私たち田舎の人間が体制の土台となることをすぐに理解したからです。それについては、ガンベッタ〔第三共和政下で首相を務めた共和派の領袖。農村部への共和主義の浸透に尽力した〕の業績を思い浮かべてみてください。その注目はこれまで拡大する一方です。その点では偉大なる農業大臣たちに敬意を捧げなければなりません。そのうちの一人、農事功労章を創設した、皆さんに大変好意的なジュール・メリーヌ〔一八九二年に農業保護関税を導入。一八九六年から九八年まで首相〕が近々政権のトップに立つかもしれないという話も耳にしました。

ところで、何にもまして農学の進歩の表れとなるのが、生産性の向上です。ご存知でしょうが、耕地に関しては、播種と収穫の間の関係を、また自然草地に関しては、区画の面積に応じた飼葉の収穫量をそのように呼びます。

バス゠マルシュ地方では、祖父母の時代には生産性が低く、どこでも全国平均を下回っていたことを認めなければなりません。調査官によると、一八四八年の穀物の平均生産高は播種の五倍にすぎませんでした(1)。

その後、生産性は著しく向上しました。この進歩をより強力にするために、皆さんが若い頃に教わった技術や方法のいくつかを切り捨てる覚悟で何でもやってみなければなりません。捨て去ることは多くの場合、難しく厳しいことではありますが、それが進歩の条件なのです。しかし、ある感情が皆さんの心の中で新しい方法の選択を容易にしてくれます。それは誇りです。六月の終わりに、高く生い茂った美しい草原の光景が、あの湿気の過剰を示す染みや乾燥した剥き出しの地面を表す茶色がかった斑点のない草原の光景が与える歓びを皆さんは知っているでしょう。皆さんにとって、寄生植物の存在を明らかにする赤い花のない、十分に成長した濃密な穀物畑を見ることほど大きな満足はないでしょう。そのとき、皆さんは誇りを感じます。なぜなら、いつもそれを言い表すわけではないにせよ、皆さんは自分たちの仕事が美しいものに、大地の豊穣の素晴らしい讃歌である『金色の麦の穂の歌』がかくも称えるものにつながったと感じるからです。私としては、労働と収穫する生産物の間のこの愛情で結ばれた関係のあり方を強調したいと思います。

しかし、そのすべてにおいて、生産性の概念は現前しています。それについて、私はまず奥方や娘さんたちに向けてお話ししようと思います。菜園を手入れしているのは一般的に女性です。ところで、その女性たちの評価を決めるのは、菜園の外見です。皆さんの中でご年配の方々は、草ぼうぼうの小道、除草されていないニンジン畑、伸びすぎて十分な支えのないインゲンやグリンピース、掘り返す気力のなかった畑の一部、縁石の萎れた花々、刈り込み不足の果樹垣をすぐに見つけてしまいます。鶏小屋の清潔さや整理整頓と同じように、菜園の外観はその人たちにとって家事の管理を映し出すものです。ところが、私はそれを生徒たちと確認したのですが、菜園の美しさは鋤き起こしの入念さ、播種の質、つまり種の選択や保存方法、注意深く緻密に行われた除草、収穫の適切なタイミング、そして何よりもその小さな土地に向けられる日常的な視線の結果なのです。

（ここでボモール氏は詳細な助言を与える。）

農業の生産性は第一に整地に、次に耕し方、ならし方、種蒔きの仕方、除草の仕方に左右されます。進歩はそれら各作業の質にかかっているのです。この冬の間を利用して皆さんは垣根の刈り込みや柵の修繕を行ったりすると思いますが、自分の畑が多くの石によって悪くなっていないか確認してみてください。石を取り除いて柵の方へ投げ捨てるのに十分な時間があるでしょうから。耕作が百年前から鋤の改良によって着実に進歩してきたことはご存知でしょう。農業定期調査の結果をみると、農具の進歩をたどることができます。少し前にそれまでの鋤からドンバスル製やブラバン製に切り替えたわがバス＝マルシュ地方では進歩は継続されています。ブラバン製の鋤は土に深く食い込み、鋤べらもより効率性が高いのです。残念ながら、砕土機による整地はかならずしも十分ではありません。

排水に関しては、バス＝マルシュの農家の皆さんは教えを与える方の立場です。農学者たちは、草地の上方や脇に作られ水路の巧みな網目を利用して水を分配する小さな貯水池、あの「いけす《ペッシュリー》」をよく誉め称えます。とはいえ、つねにその賞賛に値するわけではありません。田舎を散歩すると、裂け目でとぎれとぎれになって、そこから水があらぬ方向へ流れ出ている手入れの不十分な「いけす」をよく目にします。それにはよく気をつけてください。

整地は土地の肥沃化と改良を意味します。これからお話しすることをよく理解するには、土には物質的特性と化学成分があることを知ることが必要です。物質的特性とは、目に見える特質、すなわち、色、大小の微粒度、粘着性、透水度などです。一方、目に見えないが決定的なのは科学成分です。なぜなら、植物はそれを摂取するからです。重要なのは、土壌の化学組成であり、植物がぐんぐん吸収する物質があるかないかです。したがって、皆さんの耕作地の地表あるいは土壌の分析を行うことが理想的でしょう。簡単なことではありませんが、その手助けをすることは可能です。

土地に化学的性質を与えるには肥料を投入し、物質的特質を変えるには土壌改良を行います。実のところ、その区別は人為的なものです。というのも、土地を肥沃化するために投入されるものは、多くの場合その二つの利点を組み合わせるからです。まず堆肥、とくに「農場堆肥」と呼ばれるもののことからお話ししましょう。師範学校では――授業名を挙げれば(2)――「堆肥の作成と保存」法を教えられました。堆肥は――植物性または動物性の――有機物の滓で作られるもので、きちんとできていればその後の分解によって分泌物を植物の栄養に与えることができます。ご存知のとおり、堆肥はまず、馬、家畜、豚の寝藁として使われる藁から、糞尿と混ざり合い発酵によって分解されるあの藁から作られます。進歩に関心の高い所有者の耕作地では、馬小屋や豚小屋は毎朝、家畜小屋は週一、二回、羊小屋は月一回、寝藁が回収されています。その点では、この地方にも存在する製紙工場に藁を売るようなことは避けてください。

それは皆さんの耕作地の進歩を遅らせます。

堆肥は肥料溜めや「野壺」で作るのが好ましいと思います。腐った野菜、動物の屍肉、庭の落葉、萎れた雑草を上から加えてもいいでしょう。しかし、堆肥の元の良い状態を保つためには、それはつねに注意深く適度に行わなければなりません。また、そうした作業を堆肥から流れ出る水肥の取り扱いと混同することも避けるべきです。水肥は（ボモール氏は黒板に略図を書いた）溝を通じて「水肥溜め」とよばれるタンクの中に丁寧に集めます。タンクは堆肥を置いた穴や台地の下方または近辺に設置します。ポンプを使って水肥を堆肥に撒くと、発酵や均質な状態への変化が加速されます。この地方で水肥溜めの設置が遅れていることは、それ以前に「野壺」が怠慢によって十分に作られていなかったことと同様に、進歩を鈍らせてきました。また、肥溜めを植樹や羊歯に覆われた屋根で保護するのがよいということも忘れないでください。

堆肥を畑に撒くことは、畑を肥沃にする素晴らしい方法です。ご存知のように、堆肥の力によってしか「実らない」土地もあるのです。残念ながら、皆さんの農園の堆肥はたいてい不十分です。というのも、堆肥の化学組成は畑の化学組成をまさに反映するからです。したがって、堆肥は皆さんの畑の栄養不足を十分に補っていません。草地にも遠慮なく堆肥やリン酸塩を撒いて養分を与えてください。灌漑だけによるよりも多くのまぐさが得られるでしょう。

自然堆肥とならんで、その他の肥料の使用や土壌改良の利用も進んでいます。複雑な地質をもつこの地方では、それをどんなに促進しても足りません。複雑な地質とは、パリ盆地の第一堆積層がここで古い山塊の上に重なっているということです。実際、土壌の化学的性質は土壌の元となる母岩の化学的性質に大きく左右されます。

土壌改良は、異質なものを加えて土壌の性質を変える方法です。異質なものが土壌を植物の生育に好適なものにしてくれます。つねに専門家の意見を聞いてその性質を正確に把握し、栽培したい植物に応じた使用すべき物質の選択について情報を入手する必要があります。この地域では主な土壌改良は石灰を利用して行われます。石灰を振る、つまり石灰や石膏を散布する作業によって行われています。泥灰土が使われる土地もあります。また、土の混合が行われたりもします。石灰は農業にとって最も有用な薬剤の一つです。石灰の炭酸塩は土壌の物質的特質を変えるだけでなく、不可欠な栄養素でもあります。無機肥料の吸収を助け、塩化カリウムを排出します。最善の方法は、軽く石灰を振ること、一ヘクタールあたり平均十五ヘクトリットルの石灰を散布し軽く鋤で耕して、それを三年ごとに繰り返すことです。

とはいえ、石灰は控え目にかつ効率的に使わなければなりません。というのも、残念ながら決定的に不毛だと思える土地もあるからです。ですから、石灰の上手な散布とリン酸塩の利用を組み合わせるのがよいと思います。組合などを通じて入手可能な無機肥料としては、窒素、カルシウム、ポタシウム、リンの不足を満たしてくれるものを挙げておきましょう。果樹園や庭園では木の幹に石灰乳を塗ると虫や寄生虫を駆除できます。また、石灰を散布したばかりの土地に植物性または動物性の新しい肥料を投入するのは避けてください。

石灰散布が鉄道輸送費のせいで長い間進まなかったことはわかりますが、今はもうそうではありません。それに、バス＝マルシュ地方は石灰の産出地から比較的近く、皆さんは恵まれた環境にあるということも頭に入れておきましょう。

生産性の向上にとってそれと同様に重要なことを次にお話ししましょう。輪作の周期と種子の選定のことです。十九世紀中頃までは二年周期の輪作が主流で、そのようなやり方は土地を疲弊させ、広大な土地をほとんど非生産的な状態にしていました。ご記憶でしょうが、それでも休耕年は――今もまだ多くはそうです――「完全休耕」の年ではありませんでした。休耕年には多くの場合、蕎麦、ジャガイモ、大根などのいわゆる「隠れ」耕作が行われていました。しかし、質の悪い土地を三、四年続けて休耕地にする習慣と同様に、それは旧弊に属します。

三年周期の休耕と飼料作物の耕作も少しずつ広まっています。窒素をよく吸収する穀物に続けて、マメ科の飼料植物を植えるやり方です。マメ科の植物には地中の窒素量を増やす性質があり、さらにはときに土壌を浄化する力ももっています。実際、同じ作物を間隔をあけて耕作することは、通常の寄生虫による被害を先送りすることにつながります。畜産学の進歩や品種の淘汰とともに、この三年周期の休耕は牧畜に革命をもたらし、このバス＝マルシュ地方の躍進を可能にしました。しかし、この方面における努力を怠ってはなりません。広大な休耕地は進歩への挑戦なのです。今夜ここにお集りの農家の皆さん、ご自身の輪作のやり方を振り返ってみて、必要とあらば、県の農業部門識者の意見を仰いでください。それには、皆さんが好んで参加する農事品評会の機会を利用しましょう。そこには専門家が集まっているので、彼らに話しかけることができます。

農業生産性の拡大の鍵を握るのは、種子の選択と質です。私もその会報の購読者であるリムーザン農業組合は、それに関する実験に乗り出しました。実験は畝溝ごとに異なった種子を植えて、収穫物の質や量を比べるというものです。その実験結果は皆さんが蒔く種の選択に役立つことでしょう。また、その分野で信頼できる経験をもつ農協の指導者たちの意見を聞いてみてもいいかもしれません。種を膨張させたり、その数量を減らしたり、また、腐敗病を防いだりする目的で、種に石灰を散布したり、種を石灰に漬込んだりするやり方については、あまりお勧めできないかなり危険な方法であるということだけは言っておきましょう。

最後に、生産性に関して最も必要とされることについて強調しておきたいと思います。お話ししたいのは、恒常的観察のことです。畑を生産的にするには、まず第一によく見ることが大切です。各区画の注意深い観察、土壌の性質、深さ、手入れの状態の調査、畝溝の比較、生育リズムの評価、土壌改良や肥料の効果の測定、干し草刈りや収穫の時期の推定、作業進行の監視、ずさんさの防止、雷雨到来の予測等々をたえず行わなければなりません。多くの場合、目の利く人が進歩の伝道者となります。なぜなら、その人は耕作の成功がもたらすであろう歓びを知っているからであり、生産性と利益が密接に結びついていることを知っているからです。先祖伝来のやり方を新しい科学に置き換えること、それは共和国が皆さんに命じる責務です。共和国の指導者たちは農業分野での努力を積み重ねています。私たちは、遥か彼方の国々から輸入される様々な食肉の大量流入、カナダ産、アメリカ産、ロシア産の小麦の大量流入に抵抗しなければならないのですから、なおさらです。」

第10章　「祖国防衛のための団結について」（第6回講演）

「団結《ユニオン》と団体《アソシアシオン》の間にどのような違いがあるのかと思うかもしれません。その二つの言葉を区別するのは必ずしも容易ではありませんが、今夜はその違いを説明し、それぞれがもたらす効用を明らかにしていくつもりです。皆さんが誰かと結びついているというとき、それは一般的に愛情や感情の結びつきを意味します。「一生結びついた」二人の若い男女が話題となる場合がそうです。その二人は婚姻関係《ユニオン》を結ぶと考えられます。同じ家族の人たちが血縁で結ばれているという場合もそうです。「団結」という言葉の中には友愛も浮かび上がってきます。「友好関係《ユニオン》」という表現の意味はよくお分かりでしょう。お互いの理解や、思想、目的、努力、理想の共有が団結を高めます。

祖国への愛はそうした感情の上に成り立っており、国土防衛はすべての市民の団結、とりわけ兵士の団結によって果たされます。各所で目にする「団結は力なり」と書かれた美しいポスターをご存知でしょう。そこにはわが国の各軍の代表者が正装軍服姿で描かれています。国軍の力となるのはまさに彼らの団結です。団結すること、それは共通の敵を撥ね除けるために力を結集することです。一般的に、調和や融和の感情を生み出すのは団結です。団結は、社会の全般的な利益、社会を構成する各部分の和解に寄与します。それゆえに、団結は弱者の力だとも言われます。

団結がそのように感情の合意、心の一致、深い絆を思わせるかぎりでは、共和国はそれを警戒します。そこにおいては、行き過ぎ、特定の市民の間の過剰な愛着が懸念され、それは共和国にとって危険となりうるものだからです。いくつかの新聞が反体制的な力を象徴して「団結」をその名に掲げているのも理由がないわけではありません。また、過激ともいえる教権支持者にとっては、「神秘的結合《ユニオン》」は個人の精神と心が神の中に融合することを指します。

そのような理由から、法律はあらゆる領域で結合《ユニオン》の形成を制限しています。例えば、法律は男女が自由恋愛や内縁関係《ユニオン》とよばれるもので自由に結びつくことを認めていません。そのようなものは法令が想定する結婚としては承認されないのです。また、法律は結合《ユニオン》に法人格を与えません。

一方、団体《アソシアシオン》は、共通の目標をある程度長い期間で他の人々に損害を与えることなく実現するために何人かの間で結ばれる単なる合意を形成するにすぎません。団体は、ときに労働者の間で生まれるような単なる集会や一時的な協定とは区別されます。労働者の団結は事前の合意を必ずしも前提とはしません。それゆえに、共和国は団体が単なる集会や協定よりも危険だと考えます。団体は恒常的な脅威となりうるからです。

よく「団体を結成する」「団体に入る」「団体を解散する」などという言い方をします。その場合の団体は、商業的、職業的、文学的の如何を問わず、結合を形成する感情を含んでいません。団体は契約の概念に関わります。だから「団体《アソシアシオン》」と「協会《シシエテ》」は多くの場合、同義語のように思えるのです。それについては、私たちに主に関係する農業団体のことを後でお話しするつもりです。

国家は、団体の精神、目的、行動が国家にとって――それが国家そのものにとってであれ、市民にとってであれ、公共の安全にとってであれ――、危険だと思われるとき、団体を監視する義務があります。結社の自由が制限されているのはそのためです。実際、完全な自由が与えられてしまえば、団体は際限なく発展し、国家に圧力をかけることになりかねません。いくつかの修道会がときに脅威と見なされ、禁止されています。また、そのような団体の中では、個人の自由が組織の利益のために失われてしまうおそれもあります。共和国はどのようなかたちであれ市民が個人の権利を失うことを望みません。

団体の禁止は――一八八四年の法律で認められた労働組合や職業団体は対象ではありません――その点では理解できますが、残念なことでもあります。その分野でのより多くの自由を求める法案が三〇件近く国会で提出されたと新聞で報じられています。結社の禁止はもはや時代の風潮ではないようです。修道会の危険性と良い効果をもたらす可能性のある団体に対する懸念を一緒くたにするのはやめる時期が来たのでしょう。職業的基盤をもつ団体のほかに、この田舎ではあらゆる種類の会が急激に数を増やしており、それについてはわが共和国も寛容さを示しています。そのような団体はとくにこの地域では有益で、体制に対するいかなる危険も表していません。

職業団体、より正確には労働組合は、十一年前から大きな自由を与えられています〔一八八四年のワルデック゠ルソー法により、結社の自由が認められた〕。共済を目的とする団体も同様です。それは共和派が勝利〔一八七九年一月の上院選挙で共和派が勝利し、実質的に議会共和政が定まった〕を収めた暁に与えた様々な自由のうちの一つです。

その頃から、皆さんも農業従事者の利益を自由に守ることのできる農業団体の恩恵を受けています。農業団体によって、種子、肥料、農具の共同購入が可能となり、また、とくに播種機や脱穀機が普及し、種馬や品種改良された牛の増殖も容易になりました。農業団体のおかげで、不正行為を防ぐことや購買品の品質を見極めることが以前よりも簡単になりました。農業団体は値引きを可能にします。また、農業組合は生産物の加工や流通も手がけます。

そうしたことから、一八八四年の法律によってもっとも利益を受けているのは私たち農民だということができます。その証拠に、法案可決後の二年間にフランスの各地で組合がつくられました。組合は原料価格を大きく引き下げました。また、ご承知のように、組合は農業習慣の転換を加速しました。組合のおかげで、政治家たちは私たち農民の利益をより考慮に入れるようになっています。

排水、湿地の干拓、灌漑、土木作業、山地における土地の復元と維持、道路の建設など、農業改善事業の共同建設・補修を目的とした地主農家の組合も存在します。昨年の政令によって、そのような計画はさらに容易になりました。

すでに見たように、生産性の向上や農業の進歩を明らかにするものすべてはその多くを組合に負っています。それゆえに、地主農家であれ分益小作人であれ、未加入の農民の方々には是非ともこの有益で素晴らしい組織に入ることをお勧めします。とくに小農経営には有利でしょう。組合は一般経費を削減し、地主農家のリスクを分散します。したがって、より大胆な経営も可能になります。要するに、組合は小農経営に大農経営の利点を与えるのです。小農経営者の暮らしを楽にすることによって、組合は社会の安定に貢献しています。専門家によると一八九六年初頭のこの数カ月の間には農民や畜産業者を苦しめた長い困難な時代がようやく終わりを告げるとのことですが、以上のことはすべて農業に役立つものばかりです。

最近、わがモルトロールもご覧のように急速に変化していますが、それは県の支援によって発展した諸団体に寄るところでもあります。そうした団体が進歩を明らかにし、それを加速しています。

私が念頭においているのは、今日若者たちの心をつかみ、この麗しい村の生活を変えるのに貢献している協会や親睦会のことです。それに関連して言えば、私は本校卒業生の親睦会を作るという計画をこれまで練り上げてきました。皆さんの多くが私に賛同してくれています。すでに会の規約も作りました。それをこれから読み上げます。本会はその目的として、（一）学び舎で結ばれた会員間の友情の絆を固めること（二）講演会、大人向けの授業、公開図書館の関連集会、読書会、祝宴などを通じて、各会員の知的・精神的状況を改善すること（三）射撃訓練および射撃大会を開催すること、を目的とする。本会の会員はフランス国籍を有する者に限る[1]。

このような親睦会は本県の田舎で活動する最初のものとなるでしょう。それが結束のもととなり、あらゆる対立が解消することを期待しましょう。しかし、そうした親睦会は、知的・精神的進歩なくしては、いくつかの方法でその目的のために行われる行動なくしては、考えることができません。すでに見たように、私たちの会も祖国防衛の準備によって、つまり、当然のことながらフランス人同士で行う射撃の定期訓練によって結束が固められるのです。モルトロールには外国人は一人も住んでいないのですから、それは難しいことではないでしょう。」

この先はボモール氏の実際の言葉で続けよう。文体の相違があれば、読者はそれを判断できるだろう。

「この田舎でよく見られる、けちくさい敵対心、嫉妬、精神の狭量さは、こうした親睦会の集まりの中で弱まり、緩和されるでしょう。連帯に基づく交流が少しずつ会員の間で確立し、友情の絆は固められ、関係はより親密となり、互いのことをもっとよく知ることによって、互いをより尊重するようになるでしょう。」

「私が連帯という言葉を持ち出したのは、それが共和国政府の現首相であるレオン・ブルジョワ氏がたえず強調しておられる素晴らしい原則だからです。この素晴らしい計画のことを、次回の講演会までよく考えてみてください。」(2)

この親睦会は実際に設立された。ボモール氏が先に言及していた規約は一年足らず後、一八九七年一月二十八日に県によって承認された。ブルゴニー小学校（サン゠シール村）で作られた益鳥益獣愛護学童協会を別にすれば、それはオート゠ヴィエンヌ県の田舎におけるそうした種類の最初の組織だった。(3)

翌年、ボモール氏によってつくられた親睦会は村の若い男子をすべて集めた。二月、初の射撃大会が開かれた。同年、会は同様の催しを九回開いている。学士院視学官は知事に次のように報告している。「射撃大会は兵役経験のある若者に人気があった。射撃の訓練がより必要とされる十五歳から十八歳の若者は、会が弾や標的を無償で提供することができず資金もないため実射はほとんどできなかった」[4]。

親睦会会長である教師によれば[5]、第一回射撃大会に引き続いて、一八九八年二月十三日に開かれた祝宴はことに成功を収めた。同月五日より、若者たちは練習を行っていた。当日朝、貧しい人々にパンの配給が行われた。それに続いて一回目の射撃大会が開かれ、四十人が参加した。午後、二回目の射撃大会の後、福引き券四百枚の賞品十四個が配られた。名士たちはこの機会に気前のよさを競い合った。村長は二五フラン、ヴァシュリー議員は一〇フラン、県議は五フランを寄付した。商店主たちも参加した。豚肉製品屋はソーセージを提供した。夕方、一人芝居や歌がいくつも続いた。前述のとおり、男子大教室の周囲で踊る「抱腹絶倒のポルカ」に五十組のカップルが参加した。ボモール氏はこう書き記している。「最後の歌と「親睦会万歳」を叫ぶ最後の声が田舎の遥か彼方に消えたときには、夜が白みはじめていた。真に純粋な陽気さと真に心のこもった友情が夜会に参加した一五〇人全員の表情に例外なくたえず笑顔を漂わせた」。

それよりは月並みな表現で、学士院視学官は次のように説明している。小学校教師夫妻の主導性のおかげで、「親睦会は設立以来、発展を続け、モルトロール村における大衆教育事業につねに多大な貢献を果たしている」。

一八九九年二月二十五日、村長は弾丸不足を緩和するための補助金を村議会名で県に対して要請した。村長によれば、「若者には兵役への心構えを教え、すでに除隊した者には国軍の勝利に不可欠となるであろうその射撃技術の維持をもたらすこのような取り組みを助成する」(6)必要がある、とのことだ。

第*11*章

「フランスとプロイセンの戦い（第7回講演）——ロスバッハとヴァルミー」

「今夜は、フランス軍が——より正確にはフランス・オーストリア連合軍が——フリードリヒ二世率いるプロイセン軍を相手に惨敗を喫したロスバッハの戦いのことから話を始めますが、その理由をまずご説明しましょう。私はヴァルミーの戦いのことをお話しするつもりでした。しかし、フランス第一共和政のその見事な勝利は、たしかに新体制が発足する直前の一七九二年のことでしたが、一七五七年の敗北との関連においてこそ真の意味をもつのです(1)。

学校で真面目に勉強した人は覚えているでしょうが、凡庸な国王ルイ十五世のフランスは国境の彼方で、長い間フランスの宿敵であったハプスブルク家とともに戦いに乗り出しました。スービーズ公の指揮下にあった連合軍のフランス軍勢は、祖国の領土を防衛する意欲にも国への帰属感が与える熱情にも無関心な兵士で構成されていました。その大部分はフランス人兵士だったのですから部隊の勇敢さは否定できませんが、それでも敗北は避けられませんでした（ボーモール氏は持参した地図でロスバッハを指し示す）。

プロイセン軍は自国の近くで戦っていました。プロイセン軍を指揮していたのはフリードリヒ大王です。その巧みな戦略、戦場における洞察力、大胆な決断は、後にナポレオンが示した才能を先取りするものでした。その日、プロイセン王は敵をあえて誘き寄せ、時間稼ぎのために敵に作戦移動の時間を与え、敵を観察し、騎兵隊を巧みに使って、ついに敵を退却させたのです。とくに砲兵隊を高台に配置したことによって、フランス軍は低地に張りつけにされ下方から上方へと大砲を撃つ羽目となり、サン＝ジェルマンが率いた予備役大隊の勇敢さもこの巧みな戦術の前にはなす術もありませんでした。

プロイセン王を相手にスービーズ公は大失態を演じました。本当の意味での軍の司令官というよりは宮廷人だった旧体制の貴族ですから、それもそのはずです。戦地では、土地に関する無知、慎重さの欠如、フランス軍歩兵の鈍重さのせいですぐに混乱にいたりました。多数の捕虜——招集兵二十万人のうち七千人——、遺失した連隊旗十五本、軍旗七本、大砲六十七機ということから、敵に対する抵抗の弱さがわかります。戦闘は屈辱的な敗北に終わりましたが、それは即座に潰走へと向かった混乱に続くものでした。惨敗はパリやヴェルサイユでも嘲笑を引き起こしました。フリードリヒ二世は勝利を祝って記念柱を建てましたが、それはナポレオンがイエナの戦いに勝利して一八〇六年に倒されました。

おそらくその時に敗戦の深刻さをもっとしっかりと考えるべきだったと思います。敗戦はわが国がアメリカやアジアにおける壮大なる植民地を失うことにつながった七年戦争と呼ばれる戦争の嘆かわしい結末の前兆だったのです。植民地の喪失は、わが共和国の近年の成功によってもおそらく回復しがたいものでしょう。あの敗戦がプロイセンとフランスとの間の長い敵対関係を開始したのです。祖国はその後、一八一四年、一八一五年、そして一八七〇年から一八七一年にかけて侵略を被り、それが忌まわしい帝政に終止符を打つことになりました。

これからお話しするヴァルミーの戦いは、ロスバッハの戦いの記憶やプロイセン王フリードリヒ二世の偉業の記憶と結びつけなければ推し量ることのできない影響を及ぼしました。それゆえに、私はまずその当時人々の記憶に刻まれていたあの不幸な敗北のことを引き合いに出したのです。あの敗北は一七九二年の勝利の重要性をより正しく知ることを可能にしてくれます。さらに言えば、フランスの不手際を見定めることは決して無益なことではありません。それによって未来の厄災を回避することができるのです。ロスバッハの敗北の記憶は、〔普仏戦争で〕プロイセン軍の砲火を受けてスダンに退散したフランス軍の指揮官たちにも教訓となり得たでしょうに。

ヴァルミーの戦いについて語るのは、感動を伴います。その後もっと血みどろで一見すると目覚ましい勝利もありましたが、私が思うにそれは最も重要で最も華々しいフランスの勝利となりました。まず、事実についてお話ししましょう。それを見るとプロイセン軍が無敵ではないことがわかります。一七九二年の晩夏、プロイセンはオーストリアや自らの祖国に戦いを挑んだ亡命貴族と連合してフランス東部を侵略し、すでにシャンパーニュ地方は彼らの手中にありました。デュムーリエ将軍は敵軍をアルゴンヌの谷間で待ち伏せしました。将軍は当初その地方をフランスのテルモピュライにしようと考えたのですが、それは紀元前五世紀にギリシャ軍がペルシャの大王クセルクセスの強力な軍隊を岩山に囲まれた峡谷で押し止めた故事に倣ったものでした。

最終的にデュムーリエは方向転換し、谷間を諦めて慎重に撤退を進めて、台地、谷、沼地、丘からなる土地に移動することにしました。その丘の一つが後に有名となる風車小屋を戴いた丘です。同時に、両軍は逆転した位置関係で相対立することとなりました。プロイセンの老練なブラウンシュヴァイク公が指揮する連合軍はパリを壊滅させる勢いでフランスの中心部に位置していましたが、一方のデュムーリエはシャンパーニュ地方から敵軍に向かっていたのです。この位置取りによってデュムーリエはメッスに宿営していたケラーマン将軍に援軍を頼むことができました。

ケラーマンはヴァルミーに陣取ることにしましたが、その場所は一見すると悪い位置のように思えます。そこはプロイセン軍に支配されていたのです。湿地帯の小道を通る以外にそこから出ることも困難でした。また、連合軍がヴァルミーのすぐ近くまで進攻する一方、ケラーマン軍はデュムーリエ軍とは切り離されていました。

しかし、ケラーマンはそれに怯むような男ではありませんでした。敵が通る道の前方にそびえる高台に巧みに部隊を配置して、それを指揮するヴァランス将軍にどんな犠牲を払ってもそこを死守するように命じました。ケラーマン自身は、私がこの地図にも示したヴァルミー村とジザンクール村を拠点として、ヴァルミー村を見下ろす丘に十八機の大砲を配備しました。ヴァランス将軍の軍勢に威圧されたプロイセン軍はケラーマンが陣取った方向に兵を向けるのを怠りました。

朝の七時、すべての人々の記憶に残るあの砲撃が開始されました。実際のところ、このヴァルミーの戦いはまず何よりも砲撃戦であり、それはすぐに凄まじいものとなりました。ケラーマンの馬は彼を乗せたまま息絶え、砲撃はその護衛隊にも数多くの犠牲者を生じさせました。その情景は偉大なる画家オラース・ヴェルネの見事な絵に描かれていますが、私はその絵をパリで見る機会がありました。不幸なことに――それは絵にも描かれています――プロイセン軍の砲弾がヴァルミーの風車小屋付近に停車していた弾薬運搬車を直撃し、それがフランス軍の前線に大変な混乱を引き起こしましたが、それでもフランス軍の大砲はなおも轟音を響かせました。

その時、ケラーマンが兵士たちの前に姿を現し、彼らを安心させました。おそらくロスバッハが記憶にあったブラウンシュヴァイク公は、フリードリヒ大王軍の末裔である自軍の兵士たちが革命軍の差し向ける未熟な若い新兵を撃破するにちがいないと確信して、十一時頃、砲撃を強化するよう命じます。彼は騎兵隊が擁護する攻撃縦隊を三つ配備しましたが、それはフリードリヒ二世が編み出した「斜行戦術」と呼ばれる有名な戦術を応用したものです。

ケラーマンはそこで、ロスバッハの勝利者を受け継ぐ敵軍を若いフランスの兵士が打ち負かすには彼らを強力な愛国心の発露によって鼓舞するしかないと理解しました。亡命貴族が軽蔑的に「靴修理屋」だの「仕立屋」だのと呼び、連合軍にも見下されていた彼らは『ラ・マルセイエーズ』の歌を聞いて軍に参加したのではなかったでしょうか。ケラーマン将軍は彼らに向かって声を張り上げました。「諸君、勝利の時が来た。敵を誘き寄せ(…)銃剣に弾を込めようではないか」。

彼の演説は何度も繰り返される「国民万歳」の叫び声によって迎えられました。興奮した兵士たちを前に、ケラーマンは帽子を剣先に掲げました。兵士たちはそれを真似して帽子を銃剣の先端に乗せ、「国民万歳」の叫び声を繰り返しました。

敵軍は驚いて立ち止まりました。敵の動揺と味方の熱意を利用して、ケラーマンは砲撃を強化するよう命じました。すぐにプロイセン軍の縦隊の先頭で混乱が広がり、敵は退却を始めました。一方、ケラーマン軍の右翼を攻めていたオーストリア軍は午後五時頃に仕掛けた攻撃にも関わらず執拗な抵抗に直面しました。敵軍はここでも、プロイセン軍を迎えたのと同じ勇敢な姿勢、愛国心に貫かれた叫び、感情の高揚に出くわしたのです。同じ頃、ヴァルミーの大砲は敵縦隊の最前線に砲撃を開始し、敵は後退を余儀なくされました。時は午後七時。砲撃は止み、連合軍は退却しました。敵は出発地点に戻ったのです。

翌日、再攻撃が失敗に終わり、壊滅を避けたい敵の将軍たちは撤退を決意しました。敵の状況はそれでもかなり深刻でした。敵の後方は侵略の犠牲となったフランス人たちの怒りに脅かされていました。前方には勝ち誇る軍隊が立ちはだかっています。物資の供給が不足する恐れもありました。病気で多数の兵士が命を落としました。ブラウンシュヴァイク公は屈辱を感じながらもデュムーリエとの折衝に入りました。デュムーリエは敗軍がプロイセンに戻る道筋を逐一指示しました。敵の尊大な態度、挑発、脅威は終わりを告げました。征服者としてやって来た連合軍は乞食となって帰って行ったのです。

フランス革命にまつわる数多くの出来事や有名な人物の中から、私がなぜヴァルミーのことをお話することにしたのかお分かりになったでしょう。あの勝利の日はまず第一に、ロスバッハの戦いで勝利したプロイセン軍が無敵ではないということを初めて証明してくれました。戦いは、愛国心に奮い立ち、熱意に溢れ、抑え難い激情に突き動かされた若い志願兵からなる軍隊が巨大な力を持つことを示しました。喝采や喧噪や絶えず繰り返される「国民万歳」の叫び声がその力の証です。砲撃に対する断固とした態度は敵に驚きと茫然自失をもたらし、敵の傲慢さも悔恨へと変わりました。当初は十分な装備も持たず襤褸を纏った兵士のものだった屈辱はやがてプロイセン軍の屈辱となりました。

あの日が私たちに教えてくれるのは、ケラーマンが発揮した――かつてのスービーズ公とは異なって――戦術的な巧妙さは将軍と兵士の間に打ち立てられる友好的あるいは友愛的関係を伴うものでなければならないということです。指揮官の演説、帽子を使った身振り、さらにはまた登場の仕方といったものが大きな役割を果たし、手本を示しています。それらは市民共同体と呼ぶべきものの確立に成功したのです。

ヴァルミーでは、無敵といわれていたプロイセン軍に対する国民国家《ナシオン》の優位――共和政宣言直前のことですが――が明白となりました。デュムーリエの兵士たちは愛国精神に染められた軍隊が侵略に対してどれほどの抵抗力を示すのか明らかにしました。このような感情の発露はとくに数的劣位や不利な立場にあるときには重要です。決戦の夜、兵士たちはパリや祖国の土地を守ったという気持ちゆえに勝利の陶酔に浸ったのです。その二年前、学校でも皆さんに紹介した建国記念祭のときには、フランスの全地方をあげた友愛の集いが盛大に開かれていました。ヴァルミーでは軍隊として集まったフランス国民が国土防衛に尽力し、兵士となった市民が敵を戦《おのの》かせる凄まじい叫声をあげたのでした。

私はまず、この愛国心による国民的一致団結の日をシャルロット・コルデーの回で引き合いに出した一七九三年や一七九四年のあの歴史的な日々よりも讃えたいと思ったのです。あの歴史的な日々の偉大さは断頭台に流された血によって汚されています。国民の愛国主義的な感情の重要さを明らかにしたヴァルミーの戦いは、二十年以上にわたった悲惨なナポレオン遠征ほどの死者をもたらしませんでした。ヴァルミーの名は防御戦を連想させます。それは、貪欲な征服心や敵の殲滅を願う欲望によって多くの場合意図して引き起こされる残虐な戦いではありません。私たちすべてにとって、そのことは教訓となるはずです。帰りの道々、それをよく考えてみてください。」

第12章　「フランスの植民地建設——アルジェリア、チュニジア、スーダン」（第8回講演）

「この一八九五年に、フランスの植民地建設において輝かしい二つの出来事が歴史に刻まれました。すでにマダガスカル征服のことはお話ししましたが、それ以上に偉大なものがあります。地図ではこの辺にあたる、アフリカ大陸の広大な地域におけるフランス領の拡張についてお話ししたいと思います。この躍進は英雄たちの功績によるものですが、そのうちの二人、モンテイユ連隊長——私は二年前にベラックで彼の講演を聴きました——と、大事業を成し遂げた際に被った病苦によって二十九歳で亡くなったマルセル・トレッシュ＝ラプレーヌは、リムーザン地方の出身です。

今日、この広大なアフリカ大陸への興味は高まっています。『世界一周』や『旅行記』といった雑誌は残念ながらこの田舎では入手困難ですが、それらの雑誌で私はフランスの探検家や兵士たちの活躍を読むことができました。『図説アリアンス・フランセーズ』という別の定期刊行物も幸い手元にありますが、これはほとんどの学校に送られてくるもので、それによって植民地化の進行を定期的に知ることができます。それらを読むと、植民地拡張の道徳的意義がよく分かります。フランス人の存在によって、黒人売買、奴隷、飢饉、部族の大量殺戮をもたらす絶え間ない戦争、ときに奥地で行われる食人などが徐々に消滅しています。この文明化の試みの最大の効用は、植民地の住民を苦しめる蚊やマラリア、ハンセン病、睡眠病の撲滅です。その点で、パスツール研究所とその支部は素晴らしい組織であり、専門家の方々は慈善を施す祖国の英雄となっています。実際、まず第一に慈善的であるからこそ、フランスは本当の意味で植民地支配者、文明の導き手となることができるのです。

フランス人の存在によって容易になった科学の進歩のことについても、言い落とすわけにはいきません。夢想を誘う未知の昆虫、アフリカの素晴らしい植物の標本、大型猛獣の狩猟者による毛皮のコレクションが、幻灯機による美しい画像の投影とともに最近リモージュで展示されました。

そうしたことは、二年前に設立された〈植民地連合〉が主催する集会において講演会の話者から聞いたことです。その中には有名な作家もいます。この〈植民地連合〉は今年、わが共和国が進める植民地拡張の功績について、私たち学校教師が皆さんにお話しすることを要望しました。今日、私はまさにそれを行おうとしているのです。

強調したいのは、祖国を愛する感情とフランスの植民地事業に対する称賛は別々ではないということです。昨年十月にベラックで開かれた愛国集会でも植民地拡張を祖国宣揚の一環とし、「遥か彼方の岸辺に」赴いたわが国の英雄たちを讃えることが求められました。「彼らが死ぬのは、フランスのため／フランスの栄光は、彼らの死のおかげ」と歌われたものです。実際、植民地開発は、公共精神の学び場として、フランスの若者たちの雄々しさや勇気の発現として、男らしさの育成の一つとして、フランスの活力、強靭さ、忍耐力の表明として、この偉大なる祖国の復活の証として、少なからぬ効用をもたらしていると思われます。植民地開発は傷ついたフランスにとって心の支えとなっているのです。ですから、植民地で活躍する英雄たちをフランスの歴史上に存在する数々の英雄の中に加えてもよいでしょう。

十八世紀や帝政時代の壊滅的な戦争によって、フランスはとりわけアメリカやインドの優良な植民地を失いました。共和国はアフリカやインドシナで同様に価値のある植民地を獲得している真っ最中です。ところで、ご存知のとおり、フランスがアルジェリアを獲得したのはその二つの時期にまたがる時代です。そのことから、アルジェリアはわが国の植民地開発の歴史において特別な位置を占めています。入植の過程をご紹介するのは――長くなるので――避けますが、他の獲得した領土とは異なり、アルジェリアは移民地であるということを指摘しておきたいと思います。今日、フランス人や外国人の大量の入植者がそこに次々と押し寄せて住み着いています。フランスは彼らに土地を与えたのです。ただ、リムーザン地方の人たちはその流れにはあまり加わっていません。

この栄えあるアルジェリアは、今日どのようになっているでしょうか。まず挙げられるのは、この地図にも見られるアルジェとコンスタンティーヌのような大きな港と内陸部を結ぶ二八六一メートルにおよぶ鉄道や、海岸線に沿った交通路をフランスが建設したことです。

他に最近の大きな成功としては、ブドウ農園の開設があります。恐ろしいネアブラムシがフランスで多くの被害をもたらしたことが無念にもそれを後押ししました。ここ十五年間で十万ヘクタール以上のブドウ畑がアルジェリアで開墾され、それはなお進行中です。ジュール・フェリーの言葉を借りれば、この「最もフランス的な作物」はアルジェリアの都市や地方を潤しました。ブドウ栽培は他の作物の栽培を促進し、繁栄を可能にしたのです。

仏領アルジェリア総督のジュール・カンボンは、アルジェリアの行政制度改革に取り組もうとしています。そのもととなっているのは、下院や上院で行われている審議です。ジュール・フェリー自身も委員会の先頭に立ち、その委員会によって、この植民地の行政と政府すなわちパリの省庁との関係性を弱める提案が議会でなされました。私は、それはよいことだと思います。

しかし、そのことは今夜ここでは重要ではありません。この地図を見てください。最も重要なことは、巨大な植民地がここ仏領スーダンと地中海の間に建設されようとしていることをしっかりと認識することです。この領土拡張の壮大な夢を実現するためには、（一）サハラ砂漠の掌握（二）スーダンの支配および象牙海岸《コートジボワール》と呼ばれる海岸との連絡という二つの条件が必要とされます。その条件はまだ満たされていませんが、この一八九六年の初頭において事態は良い方向に進んでいます。

ジュール・カンボン総督が目論むようにアルジェリアをアフリカ大陸の入口とするには、サハラ砂漠においてフランスの支配を体系的に確立する必要があります。しかし、それは容易なことではありません。先ほどお話しした、この広大なアフリカ大陸の植民地間を結ぶ計画は古くから存在します。最初に構想されたのは、サハラ砂漠横断鉄道です。フラテール大佐を団長とする使節団がスーダンまでの経路を踏査することになりましたが、恐ろしいトゥアレグ族にぶち当たり、フラテールは二回目の遠征で大半の同行者とともに一八八一年二月十六日ホガール山地の中腹で殺害されました。その他の者たちは、ハイエナのようにうろつくトゥアレグ族が取り囲む中、空腹から瀕死の仲間を殺して食べながら退散せざるを得ませんでした。フランス人の生存者はいませんでした。事情は生き残った約二十名の原住民から知らされたのです。フランスの後の数年間に、白人神父数名、探検家と中尉それぞれ一名がその地域で殺害されました。フランスと共和国政府の威信は損なわれ、サハラ砂漠横断鉄道の構想は断念されました。

しかしながら、一八九〇年にイギリスとの間で一般協定が結ばれて以来――それについてはマダガスカルの回でお話ししましたが、協定はサハラ砂漠の地域やスーダンでも有効なのです――、砂漠内への侵入が再開し、アルジェリアをアフリカ大陸の入口にという計画が再び重要になってきています。この地方における武装蜂起を徹底的に封じ込めるために、ジュール・カンボンはアルジェリア南西部のオアシス群を占拠することが不可欠と考えました。往来の激しいサハラ砂漠の通行路を支配しようというわけです。残念ながら、彼はまだ完全にはその計画を実現できていません。それでも、いくつかの要塞《ボルジ》を建設し、モロッコの国境線沿いで鉄道敷設工事が始まっています。スーダンで収めた成功――この後の話題となりますが――によって、昨年のあの名高いトンブクトゥの占領をはじめとする事業が容易になっています。仏領スーダンは広大な面積によってサハラ砂漠と境を接するようになり、「チャド湖を目指す競争」――地図ではこの辺りです――の幕が切って落とされたのです。今日、サハラ砂漠の鎮圧は順調で、アルジェリアはスーダンが位置するアフリカ大陸への入口となりつつあります。

繰り返しますが、この夢はスーダンで起こった出来事によってはじめて可能になったのです。それは偉大なる征服であり、真の叙事詩というべきものです。「仏領スーダン」という呼称も、五年前に英仏両国が互いに渇望していたアフリカ領を分割し、それぞれの影響力が及ぶ範囲を画定した後に生まれました。昨年の六月十六日以来、政令によってアフリカ大陸のその部分における領土全体の見直しが行われました。スーダンは今後も自立した植民地であり続けるものの、セネガルというわが国の立派な植民地を含む仏領西アフリカを治める総督の指揮下に置かれることになりました。とはいえ、その地帯は征服とも平定ともほど遠い状態です。

地図でも確認できるニジェール・デルタを体系的に探査し、三年ほど前〔一八九三年に〕アマドゥ〔トゥクロール帝国の君主〕と呼ばれる敵を撃破し追い払ったフランスは現在、恐るべきサモリ〔武装勢力の指導者〕と対峙しています。この難敵に対する戦いが再開されました。戦いは十二年以上も前から続いています。

このような征服と鎮定に向けた努力は、私たちのお隣のシェール県の国民議会議員ダランベール公によって設立された〈仏領アフリカ委員会〉の目的に応えるものです。その目的とは、地図ではここアフリカの中央にあるチャド湖岸まで進攻し、アルジェリア、チュニジアを西アフリカや仏領コンゴに結合させようとするものですが、それについて詳述する時間はありません。お分かりのとおり、それは壮大な計画であり、ここに見えるセネガルの植民地を単に延長しようというかつての計画をはるかに凌いでいます。

サモリに話を戻しましょう。サモリはフランスと締結した保護条約を破棄し、四年前から再び敵対関係が続いています。ときに白兵戦を交えた激しい戦闘が一八九二年の年間を通して繰り広げられましたが、それでもサモリを捕えることはできませんでした。何度も制圧を受けながらも、甚大な被害を与えつつ広大な領域を奪い取り、仲間の群れは略奪行為を働いて、サモリは南方に帝国を築くことに成功しました。

　昨年パリの当局はそれに対して、別の計画に投入されていたわれらがモンテイユ中佐の縦隊を派遣することにしました。実際、縦隊はブラザヴィル付近に集結中でウバンギ川やナイル川上流方面に向かうことになっていましたが、ここグラン＝バッサム〔コートジボワール南部の都市〕に移動させられ、モンテイユはサモリのいる北に向かうよう命じられました。しかし、縦隊は道路はおろか道筋すらない未開の森を何百キロも横断しなければなりませんでした。現地の住民の中から荷役を調達する必要がありましたが、彼らはサモリから安価で奴隷を譲り受けていたので敵対的でした。モンテイユ連隊長は五カ月間、森の原住民と戦わなければならなかったのです。ついに昨年三月一日、もはや三部隊を残すのみの状態で、ソファと呼ばれるサモリ軍の兵士たちと交戦を開始したものの、背後や側面から絶えずゲリラ攻撃を受けて、すぐに退散せざるを得ませんでした。三月十八日、サタマの拠点にたどり着き、そこでパリに召還されました。二年前にベラックでこのリムーザン地方の英雄から体験談を聞いた私が、彼の不運を知ってどれほど心を痛めたかお察しいただけるでしょう。

　モンテイユの撤退以後、サモリは再び専横を開始しました。征服した地方の住民を殺害あるいは奴隷化しています。いくつかの都市では略奪を働き、モスクを破壊しました。手短に言えば、サモリは恐怖を振り撒き、それによって避難民が列をなしているのです。それでも私はフランスがいずれこのような敵に打ち勝つと確信しています。

すでに言ったとおり、二年前、わが国の兵士たちがトンブクトゥの占領に成功しました。不幸なことに、昨年一月十六日、トゥアレグ族がボニエ大佐の指揮下にあった縦隊のキャンプを夜襲しました。音もなく忍び寄って槍や刀で眠っていた兵士たちを殺害し、おまけに武器や食糧を奪い去ったのです。勇敢な兵士たちが受けた恐怖は如何ばかりでしょう。幸い、ジョフル司令官が状況の立て直しに成功しました。彼はトゥアレグ族に厳しい敗北を与えました。要塞を建設し、相次ぐ勝利によってボニエ大佐の殺害者たちにしっぺ返しを食らわせたのです。トンブクトゥの地方では相変わらず激しい戦闘が続き、ベラール中尉の悼ましい戦死もあったものの、鎮圧は急速に進んでいます。

最後にわがリムーザン地方の青年の一人が築いた功績をご紹介しますが、私はそれを嬉しく思います。彼は五年前、若くして亡くなりました。地元では今、彼を讃える計画が立てられています。一八八九年、青年は象牙海岸《コートジボワール》と呼ばれる海岸からニジェール・デルタの奥地まで入り込んでいきました。ラ・ロシェルで復習教師をしていたトレッシュ＝ラプレーヌは二十三歳の時、その地方を治めるフランス人高官として赴任していたのです。彼は七年間に現地にあった複数の支部を未来の植民地にまとめ上げました。アシニに学校を建設し、二十八歳でコートジボワール・フランス人居留地と呼ばれていた地域の高官となりましたが、熱病を患って本国に戻る船中で亡くなりました。マルセル・トレッシュ＝ラプレーヌは広大な地域において秩序と安全を持続させました。イギリスが獲得を狙っていたいくつかの領地を首尾よくフランスの保護領とし、イギリスも最終的には彼が手に入れた領土を認めました。その領土は二年前、正式にコートジボワール植民地となりました。

マルセル・トレッシュ＝ラプレーヌの遺骨はユセルにあり、そこには彼の栄光を記念して像が建てられています。流星のごとく過ぎ去ったこの人物は、わが国の偉大なる植民地開拓者の多くの美点を備えていました。教養があり、精力的で、学校運営にも気を配った彼は、抜け目のない外交官であり、取引も巧みな大胆な開拓者でした。彼は、フランス人を冒険へと駆り立ててこの国を復活させようとしている、活力に満ちた行動的な人々、植民地建設者として理想を掲げる人々の完璧な実例となっています。彼はまた、フランスの特質そのものを表す文明の使徒として、寛容な進歩的人間の一人でもありました。

二年前、モンテイユの歓迎会がリモージュや生まれ故郷のチュルで開かれ、宴会には二百人もの参加者が集まりました。彼は盛大な祝福を受けました。今度は、マルセル・トレッシュ＝ラプレーヌという植民地建設の目的のために命を捧げたもう一人の人物を讃える番でしょう。私の心の中では、また皆さんの心の中でもおそらく、両者はわが国の植民地拡張と私たちのこの愛すべき地方の威信を結びつけているのです。」

第13章　聴衆が植民地について知っていたこと

モルトロールの数百人の男女が、マダガスカル、アルジェリア、スーダンを扱った二回の講演を聴きに集まった。フランスの植民地政策やアフリカにおけるフランスの拡張に関しては一八九五年末に全国紙で話題沸騰していたが、それについて彼らは一体何を知っていただろうか。間違いなく、ほとんど何も知っていなかったにちがいない。リムーザン地方の出身で地元をよく知る作家のピエール・ベルグニユーは、その疑問に簡潔にこう答えている。「小郡の範囲内で生まれ、あくせく働き、死んでいく農民が、地球規模の視点など持つはずもなかろう。[1]」常識的に思えるこの指摘は、多少言い過ぎのところもあるだろう。それは、まさに本書が対象としているもの、すなわち知識欲を黙殺しているのだ。

また、十九世紀末における農村社会の孤立を誇張して、外部からの情報とは完全に遮断されていたかのように想像してもいけない。バス＝マルシュ地方はパリに出稼ぎに出る土地柄だったのであり、新兵の若者が他の地方を訪れたり、モルトロールで聞いたのとはちがう話を耳にしたりする機会もあった。村はボルドーの後背地に属し、道路や鉄道によってフランス南西部と結ばれていた。さらには、選良向けの地元誌が遠慮がちにではあるが植民地拡張に参加したリムーザン地方の英雄たちの賛美に努めていて、そうした広報活動のかすかな反響がモルトロールにも届いていたかもしれない。

レーヌ゠クロード・グロンダンの見方に立って、より詳細に「植民地の真実と地方真実の対立状況」を分析してみよう。ボモール氏の講演会の聴衆が持っていたと思われる知識は、アルジェリアが話題となる場合——それについて年配者たちは子供の頃から聞かされていた——と、第二期植民地帝国建設に関するごく最近の出来事が話題となる場合では大きく異なっていた。その年に征服されたマダガスカル島についての知識は、モルトロールでは皆無だったにちがいない。ところで、新規の領土獲得に新たに優先順位が与えられたため、アルジェリア経験は話題にはのぼらない傾向にあった。その点で、植民地開発を扱った二回目の講演のテーマは、そこでのフランスの支配がそれぞれ異なった時代に由来し、同じ思考体系に基づくものではない地理的領域に関する情報を一晩にまとめるメリットがあった。

まず、モルトロールの聴衆がアルジェリアに関して持っていたと思われる予備知識について考えてみよう。三十五歳以上の年齢層の人たちにとって、その知識は書物によるものではなかった。行商人が運んでくる本は、一八三〇年のアルジェ占領について書かれたいくつかの小冊子を別にすれば、アルジェリアを扱ってはいなかった。

モルトロールでアルジェリアについて得ることのできた数少ない知識は口承によるもので、ごく付随的に手紙によってもたらされた。アルジェリア征服は、フランスが一八一五年以後は断片的にしか保持することのできなかった第一期植民地帝国に属するものではなく、一八八五年から一九一四年までの期間に特徴的な帝国主義政策の結果でもない。アルジェリアにおける植民地開発の独自性は、ヨーロッパ人の移民地として領土が考えられていたということに表われている。

確かに、その植民地開発はオート＝ヴィエンヌ県とはほとんど関わりのないものだった。一八九六年にアルジェリアに住んでいた人のうち、県の出身者はわずか七二五人、村ごとの平均では二人以下であり、小郡ごとの平均では二十人程度にすぎなかった。移住者の少なさは伝統的に移動に慣れ親しんでいた地方の住民としては驚きだが、定期的な里帰りの習慣をもつ出稼ぎが完全な流出や国外移住の歯止めとなっていたのである。

より細かく見ると、アルジェリア移住にはいくつかの波があることがわかる。一八四四年から一八四七年にかけて起こった最初の大きな波は、主に貧窮者や復員したばかりの元兵士に関係するものだった。普仏戦争敗北の直後に始まった第二の波は、土地の移譲を求めた土地なき人々によってつくり出されていた。一八九六年に入植したオート＝ヴィエンヌ県出身の十五名はそれに分類される人たちである。[2]

フランスに帰国した兵士の中には再度アルジェリア行きを希望する者もいた。彼らが軍隊で積んだ過去の経験は出身地との関係を断つのに役立った。その経験が彼らをアルジェリアに親しませ、また、それによって性的なものも含めた彼らの適応能力を試すことができた。[3]兵士たちの定住は当然のこととしてアルジェリア征服の当初から（一八三〇—一八三二）奨励され、その後は兵農一体化と偉大なる農兵という神話の維持を目指す政策によって促進された。

そのような兵士の場合のほかでは、土地移譲や渡航費免除の要求は農業との断絶の拒否を反映していた。それにより情報は農村社会において容易に流通した。しかし、地方紙はそのような農民による植民地開発については口を閉ざしたままだった。一方、首長たちはそうしたことに関心を払わなかった。彼らはそのような現象がおそらく社会を不安定にさせる要因となるとの不安から無視を決め込んだようだ。

農業への愛着を超えたところでは、当局に対する要望や手紙の遣り取りの中に、同郷人と会えるかどうか、同郷人と同じ村でその近所に住めるかどうかといった心配が表われている。したがって一八九五年のモルトロールにおいては、アルジェリア定住の試みは、結成されたばかりの「植民地党」が広めようとしていた「植民地思想」に寄与するものではなかった。植民地開発の試みは不確かな影響を個人の計画や行動に及ぼしていたのである。

モルトロールの近隣に住んでいた人々が交した手紙をいくつか見てみると、知り合いの重要性、家庭や職場の人間関係の重要性がよく分かるだろう。一八八七年六月二十三日、シャトー＝ポンサック――モルトロールから十キロも離れていない村――のF・ペリションはこう書いている。「うちの家族も私もムーラン・ド・ラ・ヴィレットのフォーヴェ家と一緒に移住して隣同士に土地を委譲してもらいたいと思っています。」[4]一八九〇年二月二十七日、ベシーヌ――モルトロールに隣接する村[5]――のジャン・ラガルドは役所にこのような手紙を書いている。「私は建設予定の新しいターフ村にぜひ行きたいと思っております。というのも、私の事業を手伝ってくれる知り合いがいるからです。向こうに着いて知らない人ばかりだなんてことはありません。知らない土地では知り合いは多ければ多いほどいいですから。」[6]新しい村の建設計画を彼に伝えたのはペリションである。一八八七年付の彼の手紙を引用したが、この男は渡航してユースフ村の入植者となった。

こうした手紙の遣り取りは、出稼ぎ労働者の集団の中で機能していた人間関係のモデルをもとに作られた情報伝達の様式を明らかにしている。

アルジェリア経験に続く第二期植民地帝国建設に関しては、同様のことは一切見られない。もはや移民地を推奨することが目的ではなく、植民地開発を貧窮者や農兵の救済手段とすることも、アフリカの大地に犯罪者や反体制派や矯正が必要な若者を送り込むことも問題ではなかったのだ。今や植民地思想の流布は圧力団体が担っており、一貫性と影響力のある広報活動は、その分野における有効な文化の仲介者たらんとしたモルトロールの小学校教師にも及んだ可能性がある。新たなロビー活動は莫大な資金に恵まれていた。それは西洋諸国の統治政治計画によって突き動かされ、ヨーロッパ列強がぶつかり合う争いのなかに以前よりもさらに明白に位置づけられていた。

植民地についての知識が確立されていく過程は、もはや知り合い、噂、口伝え、手紙がもたらす証言に依存するものではなく、様々なかたちの大規模な広報活動に依存するものとなっていた。転換点となったこの年、「植民地党」は出版社や学校に向けて広報活動の攻勢を押し進めた。(7) レーヌ゠クロード・グロンダンは植民地の真実についての分かりやすい解説書となっている著書の中で、リムーザン地方におけるそうした活動の展開を子細に分析している。

この地方においては、そうした広報活動も多くの入植者を生み出すにはいたらなかった。モルトロールの講演会が行われた一八九五年には、植民地部隊の志願兵はオート゠ヴィエンヌ県全体で二十八名にすぎず、小郡ごとの平均では一名以下だった。それでも植民地政策の積極的な媒介がリムーザン地方になかったわけではない。かつてのほぼ全般的な無関心は薄れていた。一八九五年には、とくに地方紙がマダガスカル征服に際してパリの有力紙の記事を配信している。地方紙はそのための補助金を受けていたものと思われる。

一八九三年設立の〈植民地協会《ユニオン・コロニアル》〉は新聞雑誌に圧力をかけ、国会にも働きかけを行った。また、集会や講演会の開催を呼びかけた。演説者の中には、リムーザン地方の出身者もいた。本書にとって重要なのは、〈植民地協会〉が小学校教師による大人向けの公開講演を学校で行うよう呼びかけたことである。だが、それを示す公文書は地元の公文書保管所では見つからなかった。他の地方では、そのような公文書が多数存在する（一八九四年には一万三七九件、一八九五年には一万七七五二件）[8]。ボモール氏が一連の講演会をマダガスカル征服の話からスタートさせたことは、命じられたとおりに仲介者としての役割を果たそうとする彼の意志を表わしている。

この一八九五年には、小学校教師向けに刊行されていた『初等教育総合便覧』が〈植民地協会〉の願いを伝えて、植民地についての講演を真の使命として紹介している。しかし、その雑誌を読むと、そうした講演が地理や旅行を中心に展開されるより広範な教育プログラムの中に組み込まれていることが分かる。その雑誌だけが植民地主義の普及を促していたわけではない。『教育学評論』も同様である。『ル・ボリューム』誌では、ある総監が植民地についての講演プランの提案までしている[9]。学校で配られた『図説アリアンス・フランセーズ』は同名の組織の機関誌だが、その組織の地方委員会が同じく一八九五年にリモージュで設立されている。フランス語の普及を目的とするその活動は、植民地開発への熱意と切り離すことができない。

学校に及ぼされたそのような影響力はボモール氏の二回の講演に反映されているが、植民地開発の広報活動はその他にも小学校教師に多少の影響を与えたと思われる媒介を持っていた。自然科学に当時向けられていた興味と植民地経営の間の干渉は明らかである。地元のいくつかの学会――〈ゲ・リュサック学会〉や〈リムーザン植物学会〉――は、現地から本国に戻ったときなどに植民地についての講演会を開催し、そこで主として植民地から持ち帰った異国情緒あふれる事物が紹介された。

それに対して、広報活動において書籍が果たした役割はあまり大きくはなかった。異国趣味を満足させたのは主に学校図書館だが、レーヌ゠クロード・グロンダンの調査によれば、そこでの植民地開発に関する書籍の割合は一八八三年から一八九二年の間においてわずか五％にすぎなかった。そのテーマが飛躍的人気を博したのはもっと後のことだった。それが少なくともペラ゠ド゠ベラックという小村の学校図書館の貸出簿を詳細に調査して判明したことである。(10) また、二冊の本が植民地によって提供される新たな魅力を独占していた。その二冊はアルジェリアに関するものでブラック・アフリカは対象外だったが、そのようなギャップについては強調しておかなければならない。そのうちの一冊は、ブリュノの『マルセルの子供たち』である。同書は『二人の子供のフランス巡歴』の成功を受けて、それを別のやり方で継承したものだ。(11) 当時人気を博したもう一冊は、ポール・ガファレルの『アルジェリア征服』である。『仏領アフリカ時評』や『アフリカ評論』といった雑誌に関しては、読者は考古学会の会員に限られていたので、ボモール氏が読んでいたかどうかは疑わしい。

もうお分かりだろうが、二回の講演は、植民地開発をフランスの歴史、文明化の使命、愛国心、国民感情と結びつける、そのような広報活動の一環として位置づけられる。モルトロールの講演会は植民地主義の思想や意識の植え付けに貢献した。ボモール氏は、全般的な異国趣味が掻き立てる魅力からまさしく植民地によってもたらされる魅力の方へと向かう最新の流れを加速した。新たな土地が占有や支配の対象となっていた頃、彼はそれを紹介しようと努めた。あの二回の講演は、アクチュアルな出来事と密接に関わっているという気持ちを聴衆に抱かせたにちがいない。また、彼らの新しいものに対する期待を満たすものであったにちがいない。最新流行のテーマを扱った二晩に、ボモール氏は異国趣味がもたらす喜びと国威の高揚や国が果たす文化的・文明的使命の高揚がもたらす喜びを同時に満たしたのである。聴衆たちの心の中ではおそらく、それは植民地で活躍した地元出身の人物たちを記念する歓迎会やあらゆる祝賀行事の余韻とつながるものだっただろう。そのような人物たちは講演会で植民地帝国創設の英雄として紹介された。

講演会の晩、「周辺集落」からやって来る人々は郵便局前の広場に集まって一緒に小学校の教室へ向かったのだろうか。

（二十世紀初頭のモルトロール。写真：オート＝ヴィエンヌ県議会、オート＝ヴィエンヌ県立史料館）
（Morterolles, début du XXe siècle.
Photo Conseil général de la Haute-Vienne—Archives départementales de la Haute-Vienne.）

第14章 「霜の被害を避けるには——原因と影響」（第9回講演）

「皆さんが冬ごもりと呼ぶこの厳寒期のはじめに、氷点下の寒さが到来しました。霜のことは皆さんよくご存知で、その影響には目を光らせます。鶏に与える水は凍りつき、家の周囲のぬかるみは固まって、バケツの水は氷となり、川や水路は鏡のように変わります。家の中では、寝室や広間のガラスが氷晶で飾られます。地下蔵のニンジンは霜に覆われ、蕪玉菜《コールラビ》の四分の三は凍ります。家畜には干し草を与えなければなりません。氷点下の気温が続いたら、家畜を小屋に入れることも必要です。

皆さんの身体もそれ以前と同じようには反応しません。動きは緩慢になります。寒さで指はかじかんで、鼻や耳は赤くなります。木靴の中の足は感覚がなくなります。夜は体温を保つことができないので、毛布や羽毛布団を増やさなければなりません。昼はご近所で寒さのことが話題となります。寒さの程度や被害を確認するため、各所の氷の厚さを比較します。でも、皆さんはこうした不都合も仕方ないと諦めています。いずれ春はやって来るのだし、寒さはよい冬には必要です。最初の寒波を待ち受けて、皆さんは勇敢にもそれを耐え忍んでいます。

それでも、皆さんは霜への対策を準備するために天候の変化を知りたいと思います。皆さんが生活暦、とくにマチュー・ド・ラ・ドロームによる生活歴〔第二帝政期に出版され、月の満ち欠けによる天候予測でその後も長く人気を博した〕などを読むのはそのためです。皆さんはそのささいな本を好みます。言葉遊び、恋愛話、愚かしい占い、庭仕事のコツなどとならんで、天候の予測がそこに書かれているからですが、今日は主にそのことについてお話ししましょう。

皆さんが懸念する霜のことについて、こんな小学校教師が何を知ろうとお思いでしょう。家庭菜園で野菜を育てるのがせいぜいのところだとお考えかもしれませんが、それは思い違いです。師範学校では、皆さんが経験によって知り得た知識を科学や進歩の角度から考察することを教えられました。天気は今や予測可能です。それはもやは肌で感じられる感覚の総合だけによるのではありません。その科学は気象学と呼ばれるものです。気象学は天気の予測とその原因の理解を目的とします。それは、温度計による気温の観測、晴雨計による気圧の観測、雨量計による降雨量の観測、湿度計による湿度の観測、風力計による風力の観測によってもたらされます。天気を予測するには、それらをすべて記録し、観察場所を増やして、観測結果を分析し、他の地方の専門家による観測結果と比較して、時空間における雲やあらゆる大気現象の展開を思い描く必要があります。その結果としてようやく、例えば霜の原因が理解できるのです。

皆さんの周囲に医師やサラリーマンや年金生活者で自分で機材を購入して毎日毎晩様々な計測を行っている人がいると聞いたことがあるでしょう。師範学校ではずっと前から、午前六時から午後九時までの間、三時間ごとにそのような観察をすることが最終学年の生徒の仕事となっています。私自身も日に六回そうした作業を行いました。それは身支度や昼食や休憩の時間に及ぶこともしばしばで、時には睡眠時間が削られることもありました。寒さの中、凍りつくようなときでも、外に出て、師範学校の庭の、建物や外壁から離れたところに建てられた木造の小屋まで行かなければなりませんでした。そこで、観測結果を読み取るのです。数値は毎月パリの気象台に送られていました。だから、全国の気象予報に役立っていたわけです。そのためにバカンスの期間も少しだけ学校に残ることもありました。そこで使っていた機材を皆さんのためにいくつか持ってきました。私にとってはそれが科学的観察の訓練となり、おかげで多少の基礎知識は自分の生徒たちにも伝えることができました。皆さんの中の若い人たちはご存知でしょう。

そのほとんどが想像の産物にすぎない生活暦の中の天気予測に、リムーザン地方の偉大なる学者レオン・ティスラン・ド・ボールのような人物が手がける気象の科学的研究が取って代わるべきです。皆さんが信じている月の役割など、民間の知恵と呼ばれるものに属するあらゆる事柄は、今後は無視はしないまでも批判の対象としなければなりません。私がここにいるのも、自然の法則を別の仕方で理解することが可能であるということを皆さんにお伝えするためなのです。いくつかの生活暦に書かれているアドバイスにはとくに注意してください。それらは科学的に見えますが、実際にはいわゆる占星術に由来するものです。

このような新しい科学的方法によって、霜を予測し被害を食い止めるよう対策をとらなければなりません。風の強さや方向が凍結に大きな影響を与えること、しかし霜が大量に発生するときには、空気の流れは一般的に無風か微風であることが分かっています。

ご存知のとおり、霜にも色々な種類があります。最も被害が少ないのは「白霜」、つまり夜露の凍結で、それは冬の最初の寒気と考えることができます。実際、霜は秋に降りることが多く、春にはそれほど見られません。霜は畑や植物や屋根を透明な針のように変わる薄い皮膜で覆う小さな結晶のかたちで姿を現します。冬に霧氷と呼ばれるものが発生するのも、それと同じ原因によります。

霜は多くの場合、被害をもたらします。とくに早霜はそうです。霜が実り豊かなそば粉の畑を全部ダメにしたのを目の当たりにしたことがあります。晩霜、とりわけ四月下旬や五月初旬に降りる霜、サン＝ジョルジュの日（四月二十三日）やサン＝マルクの日（二十五日）やサン＝クロワの日（五月四日）の霜は、俗説とは反対に赤い月とは何の関係もありません。晩霜はときに収穫前の果実に壊滅的な被害を与えます。湿気が霜の影響を深刻化させる場合にはそれが顕著です。

春に突然、本格的な降霜が起ることがあります。それは冬に発生する霜に似ていて、氷霜とか、新芽を黒くするので「黒霜」などと呼ばれるものです。晩霜は、草地沿いに植えられた果樹のような水分を多く含んだ作物にはとくに深刻な被害をもたらします。長雨や雪解けの後に急に大量の霜が降りたときが、最も厄介です。

氷霜に弱いことを考えると、外来種の作物を推奨し増やす必要があるでしょうか。それは重大な問題です。それについては、この地方のように冬の寒さが相当な地方では慎重さが求められます。トウモロコシ、モロコシ、ジャガイモのいくつかの品種、メロンに関しては、どれもほんの少しだけ育てるようにしましょう。

霜の被害を避けることは可能でしょうか。残念ながら、この災いに対する予防策はほとんどなく、多くの場合、無益で費用が嵩むことも多い対策を企てるよりも何もしないほうがよいのです。もう一度言いますが、最もよいのは、この地方の気候や土地の性質や土壌に合った在来種だけを育てることです。可能なかぎり排水を行なって――バス＝マルシュ地方ではそれがしっかりとできています――水の流れをスムーズにするとよいでしょう。水の流れが滞ると、霜の被害が深刻化するからです。

霜は幸いにも土の奥深くまで浸透しないということを知っておかなければなりません。この地方では、霜は地表から二十五センチから三十センチ下では発生しません。また、雪が最善の予防策となっています。雪のおかげで、土の表層は凍らないのです。

霜が長引く場合には、木々に特別な注意を払ってください。寒さに強いと思われたのに、しばらくすると壊滅的な被害を受けている木がたくさんあります。厳しい寒さが和らぎ始めたときでもそうです。とても寒い夜に続く暖かい日や雪解けのあまりにも急速な進行には注意しましょう。そのような偶発的な天候に耐えられない木もあるのです。

菜園や小さな畑の場合には、被害を避ける方法があります。例えば、藁を撒いたり、干し草、枯葉、薦、布地を霜にやられそうな植物の上に広げたりするのです。でも、最も良い方法は、最近では金持ちの家の庭であらゆる種類のものが見られる、温室のような遮蔽物を作物にあらかじめ備えておくことでしょう。

私たちは今晩、冬の真ん中にいます。お別れする前に、私が個人的に自前の水銀柱、晴雨計、湿度計で行なった観測の結果を皆さんにお見せしましょう。

（ボモール氏は黒板に数字を次々に書き込んで、それについて解説する。）

皆さんも温度計くらいは備えておいたほうがいいでしょう。ベラックやル・ドラのいくつかの店で廉価で入手することができます。そうすれば、生活暦に書かれている気象学よりもはるかに確実で有益な科学的気象学の理解を少しずつ身につけることができるでしょう。それに関して言えば、いずれ皆さんにある重要な発見、すなわち低気圧と呼ばれるものの発生と進路に関する発見に由来する様々な事柄についてご説明する必要があるかと思います。帰り道に風邪を引いたりなさらぬよう、寒風にお気をつけ下さい。しかし、寒さを利用した身体の鍛錬にも努めましょう。それが強靭な身体を手に入れるための秘訣でもあるのですから。」

ボモール氏の最後の忠告は真剣に受け止めなければならない。数年前からボモール夫妻はリュウマチを患っており、それが理由でサン゠シュルピス゠ロリエールの学校への転勤を願い出ていたのだ。主たる論拠として彼が挙げているのは、気候の違いである。彼によれば、サン゠シュルピスの気候は明らかに、「非常に多湿な地方」といわれるモルトロールの気候よりもはるかに健康によいということだった。とはいえ、その二つの村は十五キロしか離れていないのだが。夫妻の主張はやがて認められた。ボモール氏は一八九九年にマニャック゠ラヴァルに転勤することになる。

ボモール氏がその目的で視学官に送った手紙を読むと、彼とその周辺の天候への敏感さがよく分かる。微気候の存在についてのそのような確信は、十九世紀の新ヒポクラテス主義に深く根を下ろしていた。その確信は、十九世紀の間を通して記述された各地の様々な「医学的に見た体質」にも浸透していた。そこには、長い成功を約束された生物気象学の十九世紀末における影響力が見られる。

第15章 「勤労の大切さ」（第10回講演）

「講演の最終回は、あまりにも慣れ親しんでいるので皆さんがその尊さについて考える機会が必ずしもないものを取り上げたいと思います。お話ししたいのは、労働のことです。皆さんの中にはラ・フォンテーヌの寓話『農夫と子供たち』を学校で習った人もいるでしょう。善良なるラ・フォンテーヌはその中で労働は宝であると書いています。皆さんは日々それを証明しているのです。冬は人間を束縛し、皆さんも家に閉じこもるほかありません。柵の修理、戸締りの確認、道具の手入れ、家畜の餌やり、種子や備蓄品の監視など副次的な仕事しかすることができません。今、その冬も終わろうとしていています。活動が本格的に再開されようとしているこのときこそ、労働について語る絶好の機会です。

畑を耕すことは、皆さんの大多数にとって日々の経験であり、それは何世代にもわたって続いています。幼い頃から、大人の手伝いをしたり、見張り番、家畜の先導、果実や栗の実の摘み取りに参加したりして、努力を大切にする姿勢が伝えられてきています。皆さんはすぐに、世襲財産を維持するには、畑を開墾し、種を撒き、土をきれいにして、「いけす」の出口に溝を掘る以外にはないということを理解しました。それは家の財産の永続性を確実にするもので、その安定が誇りにつながるのです。しかし、すぐにまた、むやみに仕事を行わないことを学ぶ必要もありました。皆さんは自分の仕事のリズムを年長者や仲間あるいは牛の歩みのリズムと調和させなければならないと感じたことでしょう。でも、そのリズムを身につけるのは難しいことです。ノロノロと働くのはダメだが、急ぎ過ぎもいけないと教えられたことでしょう。力を蓄えることによって、最も大切なこと、すなわちよい仕事をすることが可能になるという教えです。

皆さんはそれを、春の終わりの草刈りの頃、刈り込みの作業班に参加させられたときなどに、少しずつ学んできました。長柄鎌や半月鎌を上手に扱えるだけでは十分とはいえず、リズムを守り、動作に合わせ、作業がテンポよく進むように仲間と協調しなければなりませんでした。規則的でゆっくりとした足運びと鎌のリズム、動きの正確さ――私も、かなり下手だとは思いますが、若い頃にやったことがあるので知っています――は、まさに芸術です。草刈りや収穫の時期には、仕事の一日は長くなります。今にも降ってきそうな雨が落ちてこないうちに、荷車を次々と満杯にしなければなりません。先週、霜の被害が話題となりました。雨の被害――は雨にもたくさん種類がありますから、様々な雨の被害と言った方がいいかもしれません――はまた別物ですが、同様に大変な災いをもたらします。

この地方の農家の方々にとって幸いなのは、草刈り、収穫、各種の収集などの大がかりな仕事は共同作業だということです。たいていの場合、ご近所の知り合いの人たちと一緒に行なわれます。疲労も――あらゆる労働は人間にとっても家畜にとっても疲れるものです――それほど感じません。なぜなら、親しい人たちと陽気に笑い合い、飲んだり食べたりの休憩をはさんで、時には女の子をからかいながらする仕事は、一日の終わりに倦怠感が広がるときにはとくに、疲れを忘れさせるからです。だからこそ、この地方の集落では友好がとても大切なのです。

すでに述べたように、重要なのは、よくできた仕事の証を確認するときに皆さんが感じる誇りです。その気持ちを感じるのに、農事品評会で賞を取る必要はありません。みんなが収穫の成功や家畜の血色のよさに目を留めて、意見を言ってくれます。それが皆さんの仕事の結果であることや、皆さんが怠け者ではなく仕事熱心であることや、皆さんの中では勇気と活力が技能と調和していることは、誰もが知っているのです。展示会や市場の騒々しく独特のにおい漂う雰囲気の中で生産物を販売し、収穫物や家畜が高い値段で売れて、その売上金でいずれ畑を拡張したり、あるいはまず新しい鋤や農機具を購入したりすること、それが皆さんの労働の第一の褒賞なのです。

それが果たせたら、女性たちが準備してくれた食事を心行くまで堪能することができます。

食事は仕事の余韻の残る沈黙の中で進みますが、沈黙は重くのしかかる疲労のせいでもあり、また疲労の結実として産み出された食物をよりよく味わうためでもあります。耕作や播種の際には、歌の助けを借りながら一人で仕事をします。最近では、その歌を都会の学者が研究しにやって来たりもしています。

農民の仕事が尊いものであることを、どうか確信してください。数年前まではまだ、石工や舗装工や石切職人としてパリに働きに出ていたこの地方の季節労働者は道中で嘲笑の的となっていました。彼らは、愚か者だとか栗の実ばかり食べている連中などと言われていたのです。パリ市庁舎に隣接する通り沿いやシテ島の安ホテルで折り重なるようにして暮らしていた彼らは、パリの街を散歩するときにはほとんど決まって集団で外出していました。それも今や昔です。夏にこの田舎を旅行するパリの人たちは少しずつ軽蔑的な態度をなくしています。ジャーナリストもこの地方の住民が臭くて汚いなどとはもうあまり言わず、進歩を認めています。優れた作家たちが彼らに農作業の偉大さと尊さを示したのです。本当にそれは重要なことです。農民の仕事の素晴らしさは、先程の努力に対する褒賞だけに由来するのではありません。皆さんはよくお分かりでしょう。皆さんの個人的な満足は、何かを授かったという気持ち、ある意味では自分の土地の豊穣さを明らかにしたという気持ちからも生じています。つねにそれをはっきりと意識してはいなくても、皆さんは生産物の品質に自分自身の姿を重ねます。また、皆さんが、農作業の手伝い、束作りの上手さ、脱穀機をまだ使っていない場合には脱穀の技術によって近隣で獲得する評判については言うまでもありません。

女性にも目を向けてみましょう。女性は春や夏の大がかりな作業や秋の刈り入れの時期によく皆さんと一緒に働いています。前にも言いましたが、菜園や鶏小屋を取り仕切っているのは女性たちで、その生産物の利益は彼女たちのものとなっています。皆さんにとって働く女性ほど美しく、また――不謹慎かもしれませんが――欲望をそそるものはありません。とはいえ、女性が女性をまじまじと目にし、身体に触れることが容易に思える大がかりな作業の時期には、女性に対する敬意を失ってはなりません。

農業のことから話を始めましたが、それは農業が他の労働者にとっても多少とも明確な手本を示しているからです。技能、動作、リズムにおける質の高さ、仕事の出来映えがもたらす満足感は、鉄、銅、木材、繊維、小麦を素材として働く手工業者にも同様に当てはまります。それに、彼らはしばしば大規模な農作業にも参加しています。最近では、詩人のジャン・リシュパンがそうした様々な仕事の素晴らしさや重要性を讃えています。それらの結集によって、私たちの町やときには集落が繁栄し、ご承知のように、近代化することができるのです。

他には、家から遠く離れて働く工業労働者の仕事があります。皆さんの中にはパリの建設現場で雇われた経験から、それがどれほど大変でときに過酷かを知っている人もいるでしょう。

でも、その仕事もまた偉大です。以前話題にした一八八九年の万国博覧会の際に、パリが華麗な都市として世界中の人々の目にさらされたのは、わがリムーザン地方の労働者のおかげなのです。

幸いなことに、第一共和政と第二共和政は——帝政もそれに多少貢献したことは認めなければなりません——労働者の苦労を軽減しようと試みました。いくつかの法律によって、一日の労働時間が制限されました。一八四一年にはすでに児童の労働が禁止されていましたが、三年前から、十六歳以下の少年の労働時間、十六歳から十八歳までの青年の労働時間、成人若年女性の労働時間、女性の労働時間が法律で制限されています。他にも労働条件の改善を目的とする法律がありますが、ドイツとは異なり、フランスではまだ本当の意味での労働法規というものはなく、それに向けた努力も実を結んでいません。とはいえ、すでに労働契約の見本、就業規則、夜勤規則は存在します。ここ三年間につくられた法律は労働者の保健衛生に関わるものです。とくに、労働条件視察官が、町工場、工事現場、大工場を訪問して、それらの法律の適用を監督するようになりました。

その一方で、多くの国とは反対に、フランスの議会はいまだに週休を定める法律を可決していません。それは時間の問題だと私は思いますが、共和派はそのような法律が国民に対するカトリック教会の影響力を助長するのではないかと懸念しています。共和派が日曜に休日を課す法律を廃止したのはそのためです。

　以上のことはジャーナリスト風に言えば時事問題ということになるでしょうが、時事問題にはこの田舎を徘徊する流浪の人々、いわゆる浮浪者、物乞いが引き起こす別の問題もあります。彼らは窃盗や放火の廉で非難を受けています。多くの市町村は、警察の調書では「住所不定」とされる、こうした犯罪者の立ち入りを禁じています。より好意的に彼ら向けの住処を建設したところもあります。また、この地方の農民の中には、彼らを納屋に住まわせている人たちもいます。そのような連中は働きません。彼らの行く末についてはよく考える必要があるでしょう。

　ドイツ、ベルギー、オランダ、スイスでは、政府が彼らのために労働施設を作りました。そうした施設がフランスで開設されたのはごくわずかです。今年、内務省は県議会宛ての通達で各県に職業支援団体を設置するよう要望を出しました。それはよい考えだと思います。今日ではそれが最も道徳的で品位のある支援方法だと考えられています。しかし、そのような施設の中で見せかけの労働が行なわれるようではいけません。そこで果たされる仕事は厳しくかつお金になるものでなければなりませんが、それは困難なことです。そうした組織がこの田舎にも存在した授産施設の二の舞になることは避けなければなりません。授産施設は、幸いにも今は見られなくなった大飢饉に際しては非常に有益な場合もありましたが、トラブルを引き起こすこともありました。また、病気や事故による貧窮者と本気で働く気がほとんどないプロとも言える貧窮者を区別する必要もあるでしょう。

私が皆さんに示そうとしてきた労働の尊さは、無為に終止符を打つことや怠惰を避けることから生まれるのではありません。それはカトリック教会の考え方です。労働者は現代の英雄となりました。芸術家たちもそのことを意識して、今や作品の主題として取り上げています。若い頃にパリで見た一枚の絵を思い出します。『労働』という題名のピュヴィス・ド・シャヴァンヌの作品です。その絵の中央では、鍛冶屋が鉄床の上の真っ赤に燃えた鉄を叩いています。その手前では、大工が木の幹を削り、奥では農民が二頭の牛に繋がれた鋤を引いています。

労働は道徳の基本です。「美徳を最もよく保護するのは、金になる真っ当な職業に通暁することである」とピエール・ラルース大辞典には書かれています。「生活の糧を与え、自らの価値を高める仕事への備えを若い娘たちに授けることは、彼女たちと放蕩の間に堅固な障壁を築くことであり、夫婦の結束や来るべき世代のよい教育を準備することである」と、同じ辞書の中で学者のルロワ＝ボーリューは書いています。しかし、それと反対に、女性は家庭の中にいるほうがよく、そのためには「一家の長が妻や子供の要求に十分応えられるだけの収入をもつ」必要があると考える人たちもいます。私としては、そちらの意見に賛成ですが、その問題が熟慮に値することは認めます。

ヴィクトール・ユゴーは小説『海に働く人びと』で、労働が人間の偉大さを生み出すと書いています。皆さんにとって、種を蒔く人の所作以上に尊い所作があるでしょうか。皆さんの耳には、大地の歌以上に麗しい音楽があるでしょうか。働くこと、自分の仕事を幸福に感じることが自由を与えます。悲嘆や不幸に対する特効薬は労働です。人間が自制心を獲得するのは、何よりも労働によってです。労働こそが、人をいわゆる自立した存在にし、自分以外の誰にも釈明責任を負わない状態にしてくれます。労働は喜びを与えます。労働は、勇気、誠実さ、家庭の尊重を養います。労働が品格を授けます。労働によって、人生の真の学識を手にすることができるのです。

しかし、労働は知識と切り離すことができません――それはこの冬、私が皆さんとともに証明したことです。ことに農民にとっては、知識は軽蔑に対する武器となります。知識のおかげで、賞を獲得することができて、社会に正しく溶け込むことも容易になるのです。

この冬、私が皆さんに示そうとしてきたのは、共和国の文明化の使命、進歩の立役者である学者の尊重、祖国への愛着、労働の尊さ、それらすべてが一体であるということです。また、そのことが、われらが偉大なるジュール・フェリーの言葉を借りれば、「祖国の、われらがフランスの、われらが共和国の魂そのもの」となった世俗的《ライック》道徳の骨格をなしているということなのです。」

結論

モルトロールの講演会は一見すると取るに足りない対象のように思える。それは厳密な意味で世俗的《ライック》な学校の歴史には属していない。実際、講演会はその歴史を超脱している。講演会は大衆教育というより広範な計画に属するものであり、講演会というジャンルは約六十年間、大衆教育の重要な一要素となっていた。

ボモール氏の話を聴くために男も女も殺到したことは、農村社会の奥深く、明らかな文化的遅れが見られた地方のまさに中心における、ある目覚めの時を記している。この新たな認識欲求は、取り扱われたテーマの多様性によって満たされたことだろう。その全体は空間や時間との新たな関係性をもたらした。講演会の言葉はもはや、おとぎ話の幻想世界、不正確な噂、硬直した慣習に立脚するものではなく、あの世への信仰を軽視した。それは科学的知識に基づくもので、進歩に目覚めんとする欲望を反映していた。

ところで、この目覚めが祖国への愛を中心とする様々な感情の総体を伴うものであったことは明らかなように思える。祖国を愛する感情が歴史に関する五つの講演をひとまとめにしている。組合や労働を主題とした講演についても同様である。一人一人がしかるべき時に犠牲となる心構えをもつために、ボモール氏は祖国への愛によって一人一人が構成する共同体の一致団結を計ろうとしたのである。その観点からすると、ここではすべてが一八七〇年の敗北の記憶を決定的なものと考える方向に向かっている。

時間をさらに進めて、第一次世界大戦前夜に移ろう。そして、当時マニャック＝ラヴァルの小学校教師だったマルグリット・ボモールのクラスに視学官の背後からそっと忍び込んでみよう。時は一九〇九年である。その日、彼女は第二帝政の外交政策について教えていた。授業は「生徒の注目を集め、よく理解されていた[1]」。とくに、マグリット・ボモールは「普仏戦争についてとてもよい授業をした」。「授業は構成や進行の点で申し分なく、個人的回想を交えて教師はなおのこと生き生きとしていた」――戦争当時、彼女は七歳だった。感心した視学官はさらにこう記している。「生徒たちは目を大きく見張って耳を傾けた。」このような授業は、普仏戦争敗北の記憶がまだ影響力を残していたことを示している。そこに、その五年後に広がる、子供たちの心のあの荒廃の怪しげな兆しを見る向きもあるかもしれない。

世紀末における世俗的《ライック》な学校に関しては、モナ・オズーフの見事な著作を参照することができるだろう。学校における小さな祖国の礼賛は、ジャン=フランソワ・シャネのきわめて充実した著作で対象とされており、文盲教育の歴史については、ジャック・オズーフとフランソワ・フュレの古典的研究で対象とされている。リムーザン地方の村の歴史についての総合研究も近年出版されている。ジャン・トリカール監修の『リムーザン地方の村』(PULIM, 2003年)がそれである。それについてはまた、フィリップ・グランコワンの研究すべても参照できるだろう。彼には、本書の執筆の間に与えてくれた援助に感謝する。

言うまでもないが、ボモール氏に語らせた言葉は、現在の歴史家の知識ではなく、講演者が有していたと思われる知見や意図を反映するものである。

p. 223-238, et Jacky Pruneddu, *La Propagande coloniale à l'école primaire*, 1871-1914, Paris, EHESS, 1978. 参照。

(9) Jacky Prunnedu, article cité, p. 266. 参照。

(10) レーヌ=クロード・グロンダンの前掲博士論文、153頁。

(11) 同書は1890年から1929年の間に41回の貸出がされている。

第14章 「霜の被害を避けるには——原因と影響」

氷点下の気温が引き起こす感情や感覚は、19世紀の中頃、クルーズ県のある農民が日記に記している。Solange Pinton, « Les humeurs du temps. Journal d'un paysan de la Creuse », *Ethnologie française*, oct. 2009/4, numéro spécial intitulé *Du climat et des hommes*, p. 677-697. を参照。

気象科学、観測、高等師範学校における実践、それが引き起こした議論への言及については、基本文献の Fabien Locher, *Le Savant et la tempête. Étudier l'atmosphère et prévoir le temps au XIX*[e] siècle, Rennes, Presses universitaires de Rennes, 2008. を参照。

リモージュ高等師範学校、またボモール氏の講演会の少し後の時期に関しては、ADHV, 1 T 772*, « Observations météorologiques faites par les élèves. 1896... ». を参照。

結　論

(1) ADHV, 1 T 562.

書誌について

原注で挙げた、モルトロールの講演会にまさに関連する文献の他にも、当時の学校や田舎の人びとの心的世界を全般的に扱った文献がある。むろん、網羅的な書誌を与えるのは不可能だが、せめていくつかの道筋は示しておこう。

読者は、ピエール・ノラ監修の『記憶の場』シリーズ、また、19

(3)「会員」は学校の生徒たちで、小鳥を巣から取り出したり巣を壊したりしないことなどの誓いを立てていた。この協会については、ADHV, 1 T 145 参照。

(4) L'inspecteur d'académie au préfet, 28 février 1899〔1899年2月28日に視学官が県知事に宛てた手紙〕, ADHV, 1 T 145.

(5) 以下の話に関しては、ボモール氏が学士院視学官に宛てた前出の手紙、ADHV, T 562 を参照。

(6) Lettre du maire de Morterolles, 25 février 1899〔1899年2月25日のモルトロール村長の手紙〕, ADHV, 1 T 145.

第11章　「フランスとプロイセンの戦い――ロスバッハとヴァルミー」

(1) ポール・ボモールが在籍中のリモージュ高等師範学校の歴史カリキュラムにはロスバッハの戦いが含まれていた。ADHV, 1 T 98 参照。

第13章　聴衆が植民地について知っていたこと

本章については、主要文献はレーヌ゠クロード・グロンダンの前掲博士論文である。多くの詳細な情報がそこから抽出されている。

(1) レーヌ゠クロード・グロンダンの前掲博士論文、3頁に引用。

(2) そのような人たちは、その後はあまり多くはなかった。というのも、1878年から1910年の間には、当該の県から出された委譲の申請はわずか42件にすぎないからである。

(3) それについては、Christelle Taraud の研究すべてを参照。

(4) レーヌ゠クロード・グロンダンの前掲博士論文、37頁に引用。

(5) 二つの村は合併された。

(6) レーヌ゠クロード・グロンダンの前掲博士論文、37頁。

(7) それらの諸点については、レーヌ゠クロード・グロンダンが挙げている出典を参照。

(8) Jacky Pruneddu, « La propagande coloniale et l'image du Noir sous la Troisième République (1870-1914) », *in* Daniel Norman et Jean-Pierre Raison, *Sciences de l'homme et conquêtes coloniales. Constitution et usages des sciences humianes en Afrique* (*XIX*^{e}-*XX*^{e} siècles), Paris, Presse de l'ENS, 1980,

milieu du XVIIIe siècle, Paris, Fayard, 1989. 参照。

(6) Alain Corbin, « Les aristocrates et la communauté villageoise: les maires d'Essay », in Maurice Agulhon *et al.*, *Les Maires en France du Consulat à nos jours,* Paris, Publications de la Sorbonne, 1986, p. 347-367. 参照。

(7) Centre de recherches en histoire du XIXe siècle, université Paris I, 未刊。

(8) それについては、Yves Pourcher の研究すべてを参照。

(9) Alain Corbin, « Recherche historique et imaginaire politique. À propos des campagnes françaises au XIXe siècle », *La Politisation des campagnes au XIX*^{e} siècle. France, Italie et Portugal. Actes du colloque international, Rome, 20-22 février 1997, Rome, École française de Rome, 2000, p. 47-55.

(10) « Le groupe libertaire Germinal, en compagnie de la conférencière anarchiste Séraphine Pajaud », *in* Jean Tricard (dir.), *Le Village des Limousins,* Limoges, PULIM, 2003, p. 427. の写真を参照。

(11) ADHV, 1 T 98, « cours d'adultes〔大人向け授業〕»; 以下の情報はすべてこの資料から引き出したものである。

(12) 1884年7月22日付のファリエールの法令や1895年1月11日付カジミール=ペリエの政令は、その言葉を繰り返している。

(13) 他の地方では、〈植民地協会〉の推進によってかなり多くの講演会が開かれた（本書153頁参照）。

第9章　「どのようにして農業の生産性を上げるか」

(1) Alain Corbin, *Archaïsme et modernité en Limousin, op. cit.*, t. I, p. 28. 参照。この回の講演に関するすべてのことについては、同書を参照のこと。

(2) ADHV, 1 T 98. 参照。それは1875年の授業に関する資料であり、したがってボモール氏が受けたものである。

第10章　「祖国防衛のための団結について」

(1) そのような規約が、ADHV, 1 T 145 所収の「モルトロール、卒業生親睦会」に記載されている。

(2) Lettre de M. Beaumord à l'inspecteur d'académie, 14 février 1898〔1898年2月14日にボモール氏が学士院視学官に宛てた手紙〕, ADHV, T 562.

(16) それについては、Pierre Nora, « Le Dictionnaire de pédagogie de Ferdinand Buisson, cathédrale de l'école primaire », in *Les Lieux de mémoire*, t.I: *La République*, *op. cit.*, p. 353-378. 参照。

第5章 「愛国心について——自由・博愛・連帯と祖国防衛」

(1) 1882年。

(2) オート=ヴィエンヌ県における学童大隊の不在と銃の配布については、ADHV, 1 T 18 に収録されている県知事の報告書と書簡を参照。

(3) このベラックにおける愛国祭については、レーヌ=クロード・グロンダンの前掲博士論文、158頁を参照。同年1895年の『ヌヴェリスト・ド・ベラック』紙には、愛国主義的な催しについての報告記事が多数掲載されている。レーヌ=クロード・グロンダンは、ボモール氏が言及している歌のほかに、公開フェスティバルの構成について詳述している。「音楽による第一部では、五曲のうち三曲は軍歌が演奏された」。第二部は運動を中心とするもので、「きわめてフランス的な技芸」と称されたフェンシングもそこに含まれた。

第7章 「ジャンヌ・ダルクは誰のものか」

(1) ボモール氏が言及する二つのエピソードについての詳細は、ADHV, 2 V 18 に記載されている。

第8章 聴衆は知識を口伝えで得ていた

(1) それについては、François Floux, *De bouche à oreille. Naissance et propagation des rumeurs dans la France du XIX*[e] siècle, Paris, Aubier, 2003. 参照。

(2) この二つのエピソードについては、Alain Corbin, *Le Village des cannibales*, Paris, Aubier, 1990, Flammarion, « Champs », 1995.〔アラン・コルバン『人喰いの村』石井洋二郎・石井啓子訳、藤原書店、1997年〕参照。

(3) Alain Corbin, *Archaïsme et modernité en Limousin*, *op. cit.*, t. I, p. 1014.

(4) それについては、Alphonse Dupront, *Du sacré. Croisades et Pèlerinages, images et langages*, Paris, Galimard, 1987. 参照。

(5) Michèle Fogel, *Les Cérémonies de l'information, Dans la France du XVIe au*

de 3e cycle, université Paris I, 1983, Guéret, Société des Sciences naturelles et archéologiques de la Creuse, 1986, p. 89-97〔ジョルジュ・ドージェの第3課程博士論文〕. を参照。

（1）レーヌ＝クロード・グロンダンの前掲博士論文からの引用、142頁。
（2）ジョルジュ・ドージェの前掲博士論文の随所を参照。
（3）アラン・コルバンの前掲博士論文 *Prélude au Front populaire*、48頁。
（4）Archives départementales de Corrèze, 4 T 1.
（5）男性に関しては、そうした若者たちは多くの場合、兵役でさらに教育を受けて帰郷した人たちである。それについては、Odile Roynette, « *Bons pour le service* ». *L'expérience de la caserne en France à la fin du XIXe siècle*, Paris, Belin, 2000. 参照。
（6）ADHV, T 44.
（7）「侯爵の共和政」と称された道徳観の強い政府の期間に支配的だった政策を考えれば、それは驚きではない。
（8）つまり、万聖節や死者の命日、クリスマス、枝の主日、復活祭である。
（9）Alain Corbin, *Archaïsme et modernité en Limousin*, *op. cit.*, t. I, p. 691.
（10）Marguerite Le Saux, *Approche d'une lecture de la déchristianisation... dans trois cantons de la Haute-Vienne (Ambazac, Le Dorat, Limoges)*, Poitiers, 1971.
（11）アラン・コルバンの前掲博士論文 *Prélude au Front populaire*、54頁。1934年におけるベシーヌ村の「非実践信者」の数は250名だったが、男子はたった5名しか復活祭の聖体拝領に参加しなかった。だが、洗礼を受けていない女子は嫁ぎ先が見つからなかった。
（12）Alain Corbin, *Archaïsme et modernité en Limousin*, *op. cit.*, t. I, p. 360-361. 参照。
（13）そこには、アルダンのようなリモージュに所在した出版社が地方で大量に流通させていた本も含まれる。
（14）Alain Corbin, « Du capitaine Mayne Reid à Victor Margueritte: l'évolution des lectures populaires en Limousin sous la IIIe République », *Recueil d'études offert à Gabriel Désert, Cahier des Annales de Normandie*, n° 24, Caen, 1992, p. 453-467. 参照。
（15）彼は1899年から没年となる1920年までそこで教えた。

(24) Lettre du curé Gaume à l'inspecteur d'académie, lettre citée〔ゴーム司祭が学士院視学官宛てに送った手紙、前出〕, ADHV, dossier Paul Beaumord.

(25) そのことが彼の資料集に保管されている書簡で繰り返し出てくる。

第2章　聴衆はどんな人々だったか

1896年に、おそらく村に精通していたボモール氏によって行なわれたと思われる人口調査は、本章の執筆に役立った。その調査を実施した人物が、間の5年間の出生、婚姻、死亡を考慮に入れて、1891年の人口調査を利用した可能性はある。そうしたことは、十年間の区切りの途中で行なわれる調査ではよく行なわれていた。

「周辺集落」に住んでいた人たちの移動手段に関しては、二輪馬車の利用をたぶん必要以上に過小評価しているかもしれない。二輪馬車は当時普及していたが、馬が牽引の役割を果たしていた地方に比べて、バス＝マルシュ地方のように牽引に牛を利用していた地方ではあまり十分とはいえなかった。

第4章　聴衆の知識源は多様

本章に関する主な素材は、以下の文献に記載されている。

Alain Corbin, *Archaïsme et modernité en Limousin*, Paris, Marcel Rivière, 1975 et Limoges, PULIM, 1998, t. I, p. 320-417.

Alain Corbin, *Prélude au Front populaire. Étude de l'opinion publique dans le département de la Haute-Vienne (février 1934-mai 1936)*, thèse de 3e cycle, Poitiers, 1968〔アラン・コルバンの第3課程博士論文〕.

Reine-Claude Grondin, *La Colonie en Province. Le Limousin et l'empire colonial, 1830-1939*, thèse EHESS, 2008〔レーヌ＝クロード・グロンダンの博士論文〕. 同論文は本書印刷中に以下のタイトルで出版された。*L'Empire en provins. Culture et expérience coloniale en Limousin (1830-1939)*, Toulouse, Presses universitaires du Mirail, novembre 2010.

読書の進歩については、Georges Dauger, *Aux origines du Front populaire dans la Creuse. Contribution à une ethnohistoire des comportements politiques*, thèse

départementales de la Haute-Vienne (ADHV), 6 M 144.

(3) Gaston Redor, *Compilation sur Morterolles*, s.l.n.d., ADHV, BR 2392. 参照。

(4) Inspecteur primaire, 19 janvier 1879, ADHV, dossier Paul Beaumord.

(5) Inspecteur primaire, 24 mars 1890 et inspecteur primaire, 13 janvier 1894, *ibid.*

(6) Lettre du curé Gaume à l'inspecteur d'académie, 15 février 1898〔1898年2月15日にゴーム司祭が学士院視学官に宛てた手紙〕, *ibid.*

(7) Inspecteur primaire, 1899, *ibid.*

(8) Inspecteur primaire, 24 mars 1891, *ibid.*

(9) Inspecteur primaire, 1890, *ibid.*

(10) Inspecteur primaire, 24 mars 1890, *ibid.*

(11) *Ibid.*

(12) Jaques et Mona Ozouf, « *Le tour de France par deux enfants,* le petit livre rouge de la République », *in* Pierre Nora (dir.), *Les lieux de mémoire*, t. I: *La République*, Paris, Gallimard, 1984, p. 291-321.〔J&M・オズーフ「『二人の子供のフランス巡歴』」(ピエール・ノラ編『記憶の場』〈第2巻〉谷川稔監訳、岩波書店、2003年、所収)〕。

(13) Inspecteur primaire, 1891, また、彼女に関する他の詳細は、ADHV, 1 T 562, dossier Marguerite Beaumord.

(14) 修道会学校の教師マリー・ラビュシエール、宗教名、聖アンナ修道女、および補助教員と同僚の教師に関しては、ADHV, T 250 参照。

(15) ADHV, dossier Marguerite Beaumord.

(16) Lettre du comte Courronnel à l'inspecteur d'académie〔クロネル伯が学士院視学官に宛てた手紙〕, 1895, ADHV, dossier Paul Beaumord.

(17) ADHV, 1 T 98.

(18) ADHV, T 769.

(19) 本書122-124頁を参照。

(20) 本書101-103頁を参照。

(21) ADHV, dossier Paul Beaumord.

(22) 本書153頁を参照。

(23) ボモール氏によるモルトロール小学校卒業生親睦会の祝宴に関する報告書(1898年2月14日)、ADHV, dossier Paul Beaumord.

出典について

モルトロールで行われた講演の有り様を再現するために私が依拠したのは、ルイ=フランソワ・ピナゴについての著作と同様、記録文書の探索である。小学校教師ポール・ジャン=バティスト・ボモールに関する詳細は、主にオート=ヴィエンヌ県立史料館（ADHV）に保存されている文書によってもたらされた。そこにはポール・ボモール（資料番号 ADHV, 1 T 562）やマルグリット・ボモール（資料番号 ADHV, 1 T 562）に関する分厚い資料が存在する。

また、小学校教員記録簿のポール・ジャン=バティスト・ボモールに関する情報も利用した（資料番号 ADHV, 1 T 549）。

リモージュ高等師範学校の教育についての詳細も、オート=ヴィエンヌ県立史料館の資料番号 T 769 によるものである。

原　注

序

(1) 教師たちが行ったいくつかの講演の原稿は参照可能だが、おそらくそうした文章化の努力は上司の歓心を買うためだっただろう。

(2) Alain Corbin, *Le Monde retrouvé de Louis-François Pinagot*. Sur les traces d'un inconnu, 1798-1876, Paris, Flammarion, 1998, « Champs », 2002〔アラン・コルバン『記録を残さなかった男の歴史』渡辺響子訳、藤原書店、1999年〕.

第1章　講演者・ボモール氏はどんな人物か

(1) Inspecteur primaire, 19 janvier 1886, ADHV, 1T 562, dossier Paul Beaumord.

(2) Morterolles, dénombrement de la population, 1896, Archives

訳者解説

本書は、Alain Corbin, *Les Conférences de Morterolles — hiver 1895-1896, à l'écoute d'un monde disparu*, Flammarion, 2011 の全訳である。原題を直訳すれば「モルトロールの講演会——一八九五—一八九六年冬、ある失われた世界に耳を傾けて」となるであろう。

その失われた世界の中心に位置する人物の名はポール・ボモール。十九世紀末、リムーザン地方のモルトロール村で教壇に立っていたこの小学校教師は、一八九五年から九六年にかけての冬、大人向けに全一〇回の講演をおこなった。本書で著者アラン・コルバンが試みるのは、そこで語られた言葉の可能なかぎり忠実な再現である。したがって、この本の主な舞台はその会場となった小学校の教室であり、われわれ読者は講演を聴きに集まった村人と同じように小学校教師の話に耳を傾けることになる。残念ながら、実際の講演原稿は残されていない。ゆえに、ここで紹介される講演記録はすべて古文書などの資料を駆使して作り上げられた架空の再構成である。だが、コルバンは歴史家の嗅覚と想像力を自在に発揮して演説に息を吹き込み、その迫真的な語り口とともに講演者ボモールの姿を蘇らせる。そこが本書の一番の読みどころともいえよう。しかし、埋もれた歴史の中から発掘され復元されるのは講演の内容や話者の人物像だけではない。著者が明るみにだそうと努めるのはむしろ、聴衆である村人たちにおける「知識欲の誕生」と彼らを取り巻く知的環境の変化である。当時、新聞などの活字を読む習慣は彼らのうちにまだ根付いていなかった。それでも彼らは閉鎖的な村社会で流通する噂話にはもはや飽き足らず、現代社会の新鮮な話題に関心を向け始めていた。多数の村人が小学校教師の話を聴きに集まったのは、講演会がその渇望を満たす機会だったからにちがいない。講演会という近代的な形式の知識の伝承は、彼らのなかに芽吹いていた知識欲を甚だ刺激したものと思われる。実際、講演会の周辺には彼らの知的欲望が渦巻いていたのであり、彼らはそれに突き動かされたからこそ冬の寒さをものともせず会場に足を運ぶのだ。著者は十九世紀末のフランスの田舎でおこったそのような地殻変動を小学校教師の言葉をとおして検証していく。

農村に住む無名の人物に焦点を当てた社会史という点では、本書はオリニ＝ル＝ビュタンの木靴職人ルイ＝フランソワ・ピナゴについて書かれた『記録を残さなかった男の歴史』(藤原書店)の系列に連なるものといえる。しかし、記録の集積に恵まれたモルトロールの小学校教師ポール・ボモールのケースは、生きた痕跡をほとんど残さなかった木靴職人のケースとは本質的に異なっている。序章で著者が言うように、ピナゴに関しては「彼が知ることのできなかったこと、またおそらく体験することもなかったことだけに向き合った」のに対して、本書ではボモールが知り得たことこそが話題の中心となるのであり、著者は彼が聴衆に伝授しようとした知識をめぐって議論を展開させていく。

モルトロールの講演会が開かれたのは、ピナゴの死から二〇年後のことだった。一八七六年にこの世を去った木靴職人は、第三共和政の時代に共和派が本当の意味で政治の実権を握った八〇年代以降の急激な社会変化を見届けることはなかった。一方、ボモールの教師としての活動はまさにその時代に共和派が押し進めた一連の共和主義的改革と密接に結びついており、講演会の内容も反教権主義や植民地主義といった共和派が標榜する政策をあからさまに反映するものとなっている。

穏健共和派のジュール・フェリーが共和主義の確立に向けて八〇年代初頭にまず着手したのは教育改革であった。一八八一年と八二年に制定された法律によって、初等公教育の無償化・義務化とともに「世俗化」が定められた。具体的には、カトリック系の学校は私立に転換させられ、非宗教的な公立学校の優位が確立した。一八八三年十一月十七日の「小学校教師への書簡」と呼ばれる通達でも、当時公教育大臣を兼務していた首相のジュール・フェリーは「学校と教会を分離すること」の重要性を唱え、「道徳・市民教育」を最上位に掲げている。反動勢力と結びつくカトリックの支配を教育から排除することは、共和政の安定のためには不可欠だった。だがそれはその一方で宗教道徳にかわる共和主義者としてのモラルを国民に植え付ける必要性をともなった。そのため、公立小学校の教師には、単に教室で子供たちに教科を教えるだけでなく、それまで教育を担っていたカトリックの司祭にとってかわる「共和国の新しい司祭」として共和主義の精神を伝道することが求められた。ボモールが「愛国心について」の講演のなかでそうしたように、「共和国の黒い軽騎兵」と呼ばれたこの時代の教師たちはみな「神への愛」にかわる「祖国への愛」を語り、国民国家における民衆の先導者を自負していたにちがいない。彼らは愛国主義の教育によって国民的統合の実現に寄与することになるのである。教育の普及が遅れていた地方ではとくに、その部分で小学校教師にかかる期待は大きかったものと思われる。第三共和政下で田舎教師が務めた幅広い役割ついて、谷川稔は『十字架と三色旗』（山川出版社）のなかで次のように説明している。

じっさい、農村の教師はたんに子供の知育だけでなく、農作業上の技術改良や農業共同組合の組織化などについても村びとたちの良き相談役であろうとした。村役場の書記という彼らのもうひとつの属性は、こうした方面でも村びとの信頼を集めるのに役立った。また当時はパストゥール以後の医療行政の拡大期であったため、全国的な予防接種がしばしば実施された。そうしたさいも、農村で不足していた医者や看護婦の代役をつとめたのは彼らであった。同じく当時盛んであった節酒運動＝反アルコール・キャンペーンでも、教師はもちろん一役買わされている。要するに農村の初等教員は、子供だけでなく成人にたいしても、新しい科学知識と世俗的モラルの体現者として登場することを期待されたのである。文字どおり、彼らは「共和国の新しい司祭」なのであった。（一九四頁）

これに照らし合わせれば、ボモールが「共和国の新しい司祭」の使命をきわめて忠実にまた模範的に果たしていたことがよくわかる。彼は講演会をとおして農民に農業協同組合の加入を勧め（第10章）、新しい科学知識を紹介し（第9章、第14章）、世俗的モラルを説いた（第15章）。共和派はこのような手段によって自分たちの世界観を地方のすみずみまで浸透させようと考えたのである。

同様の観点から、モルトロールの講演会における歴史の重要性にも目を向けてみよう。ボモールはジャンヌ・ダルクの英雄的行為について、それが愛国心の発露によってなされたものだと力説しているが、それは、オルレアンの乙女の献身を「神への愛」ととらえて宗教的賛美の対象とする教会に対抗して、彼女を「祖国への愛」の象徴として聴衆の心に印象づけるためだった。シャルロット・コルデーの命がけの行動も、国家衰亡の危機に奮い立ったジャンヌ・ダルクの記憶に重ねてこそより感動的な意味をもつのである。ボモールが中世に活躍したジャンヌ・ダルクを愛国者の代表的存在として聴衆の前で讃えた背景には、フランス革命以前に遡る歴史的正統性を自らに（すなわち共和派政権に）与えようとする意図があったものと考えられる。*

＊現代フランスの極右政党〈国民戦線《フロン・ナショナル》〉がジャンヌ・ダルクに崇拝を捧げるのも、やはり同様の理由によるものであろう。

そのような包括的な視点に立つ新しい歴史観を与えたものとして、『プチ・ラヴィス』の愛称で知られるフランス史の教科書の影響を無視することはできない。一八八四年に出版されたこの歴史教科書は、その後も長く親しまれ、宗教教育で使われていたカトリックの聖史を押しのけて「共和国の福音書」（ピエール・ノラ）と呼ぶべき教本となった。著者の歴史家エルネスト・ラヴィスは普仏戦争敗北の屈辱からフランスが立ち直るためには敵国ドイツが力とした「祖国崇拝」を国民感情に定着させることが必要であるとの信念にもとづいて、共和政に至るまでの偉大な国家の歩みを広く知らしめるべく「フランス史」を編纂した。『プチ・ラヴィス』はそのような思想に貫かれた初等教育向けの国民史で、共和主義的な国民意識の育成に大いに貢献した。モルトロールで最初の講演会が開かれた一八九五年には改訂版が出されており、共和国の兵士の挿絵も登場するなど図版が一新され、また、現代の部分が大幅に加筆されて、フランス革命を区切りとしてその前後の歴史が展望できるような構成に変わっている。ボモールの発言から彼が授業で『プチ・ラヴィス』を使用していることがわかるが、講演の内容にしてもルイ十五世の無能さの強調やヴァルミーの戦いの活劇的な描写をみるとラヴィスの教科書に拠るところが少なくないことを思わせる。

初回の講演テーマがすでにそうであったように、植民地主義は反教権主義とならんでボモールの講演の根底をなす主張となっている。反教権主義と同様に、植民地主義が推進力として利用するのもまた「祖国への愛」である。植民地政策にはもともと反対意見も多かったが、はるか彼方の土地で若い兵士たちが流す血を正当化し国民的な支持を獲得するには、彼らの行為を愛国心に発した自己犠牲として美化するほかなかった。ボモールは、マダガスカルやアフリカ大陸で進行中の植民地開発について解説しながら、文明化の使命とともにその点をとくに熱心に訴えて、祖国ために前線で命をかけて働く兵士たちをジャンヌ・ダルクやヴァルミーで勇敢に戦った義勇兵たちと同等に賛美している。彼らの活躍は学校教育の場でも「共和国の偉業」として讃えられたが、そうした植民地開発の現状を知らせる広報活動は人々のなかにフランスが植民地大国であるという意識を醸成し、それによって普仏戦争の屈辱をひきずるフランス国民の自尊心を満たした。それが共和国への信頼と愛着につながるものであることは言うまでもない。そのような広報活動の一環ともいえるモルトロールの講演会の真の目的もそこにあった。

こうして、反教権主義が産み落とした新たな愛は、「小さな祖国」と呼ばれた郷土において育まれ、普仏戦争敗北で失った領土と威信を回復するための方便でもあった植民地主義によって拡大し、やがて戦争へと人々を駆り立てる無意識の欲望となって第一次世界大戦のあのヴェルダンの悲劇を招くことになる。「祖国のために命を捧げるのは尊いことだ」と繰り返すボモールの声に耳を傾けながら、今年、第一次世界大戦勃発からちょうど百年目の節目をむかえた後世のわれわれはその事実から目を背けることはできない。ボモールの言葉がもたらした帰結について語る著者コルバンの無念の思いは感慨深く、教育がいかに人類の運命を左右するものであるかを痛感させる。それはモルトロールの講演会の時代から今も何ら変わらない現実の課題なのである。

＊　＊　＊

末筆ながら、本書の翻訳をご提案くださった藤原書店の藤原良雄社長と、慶應義塾大学文学部の同僚の小倉孝誠氏、担当の小枝冬実さんに心より御礼申し上げる。

二〇一四年九月

築山和也

関連年表（一三三九―一九九四）

年	事項
一三三九	百年戦争（〜一四五三年）
一三五六	ポワティエの戦い（仏軍はエドワード黒太子の英軍に大敗）
一四二九	**ジャンヌ・ダルク、オルレアンを解放** ↓**第7章** シャルル七世、ランスで戴冠
一四三一	**ジャンヌ・ダルク、ルーアンで火刑** ↓**第7章**
一四五五	**ジャンヌ・ダルク復権訴訟** ↓**第7章**
一六二四	リシュリュー、宰相就任
一六三四	マダガスカルのフォール＝ドーファンに港建設
一六四三	ルイ十四世即位、マザラン宰相就任
一六六一	マザラン没、ルイ十四世親政を開始

年	事項
一七一五	ルイ十五世即位、オルレアン公フィリップ摂政
一七二三	オルレアン公没、ブルボン公宰相就任
一七二六	フルリー、事実上の宰相に
一七四〇	オーストリア継承戦争（〜四八年）
一七四三	フルリー没、ルイ十五世親政を開始
一七五六	七年戦争（〜六三年）
一七五七	**ロスバッハの戦い** ↓**第11章**
一七六三	パリ条約（フランスはカナダやインドの植民地を放棄）
一七七四	ルイ十六世即位
一七八九	国民議会成立 バスティーユ襲撃 人権宣言

年	事項
一七九一	ヴァレンヌ事件
一七九二	オーストリアに宣戦布告 八月十日事件（テュイルリー宮殿襲撃により王権停止） **ヴァルミーの戦い** ↓第11章 国民公会による共和政樹立（第一共和政〜一八〇四年）
一七九三	ルイ十六世処刑
一七九三	山岳派独裁、恐怖政治 **マラー暗殺** ↓第6章
一七九四	テルミドールの反動、恐怖政治終わる
一七九六	ナポレオンのイタリア遠征
一七九九	ブリュメール十八日のクーデタ（ナポレオンが政権掌握）
一八〇四	ナポレオン、皇帝に即位（第一帝政〜一四年）
一八一四	ナポレオン、皇帝を退位 ルイ十八世即位（第一王政復古〜一五年）
一八一五	ナポレオンの「百日天下」 ワーテルローの戦い ルイ十八世復位（第二王政復古〜三〇年）

年	事項
一八二四	ルイ十八世死去、アルトワ伯がシャルル十世として即位
一八三〇	アルジェ占領 七月革命 ルイ・フィリップ即位（七月王政〜四八年）
一八三三	ギゾー法（初等学校の設置を義務化、師範学校の設立）
一八三七	コンスタンティーヌ占領
一八四八	二月革命 第二共和政（〜五二年）の成立
一八五〇	ファルー法（公教育における聖職者の復権）
一八五一	ルイ・ナポレオンのクーデタ
一八五二	ルイ・ナポレオン、皇帝に即位（第二帝政〜七〇年）
一八五三	クリミア戦争（〜五六年）
一八五五	第一回パリ万国博覧会
一八五四	セネガル植民の開始
一八五九	サイゴン占領、インドシナ侵略の開始

年	事項
一八七〇	普仏戦争（〜七一年） スダンの戦い（仏軍降伏、ナポレオン三世捕虜） 第二帝政崩壊 共和政宣言、国防政府成立
一八七一	国防政府、ビスマルクと休戦協定 パリ・コミューン ティエールが大統領就任（第三共和政〜一九四〇年）
一八七九	共和派が上院選挙で勝利、グレヴィが大統領就任
一八八〇	無認可修道会の規制（多くの修道会系私立校閉鎖）
一八八一	フェリー法（初等公教育の無償化）
一八八二	フェリー法（初等公教育の義務化・世俗化）
一八八三	**マダガスカル侵略を開始** **↓第3章**
一八八四	**ワルデック＝ルソー法（労働組合の合法化）** **↓第10章**
一八八六	ゴブレ法（公立小学校から聖職者排除） **マダガスカルを保護領化** **↓第3章**

年	事項
一八八九	ブーランジェ事件 第四回パリ万国博覧会、エッフェル塔完成 フランス革命百周年記念祭典
一八九〇	**仏領アフリカ委員会創設** **↓第12章**
一八九二	教皇レオ十三世、カトリックの共和政加担（ラリマン）を提唱 ジュール・メリーヌ、農業保護関税導入
一八九四	サディ＝カルノー大統領暗殺 ドレフュス大尉、スパイ容疑で逮捕
一八九五—九六	ボモール氏による連続講演会
一九〇一	結社法（無許可修道会に解散令）
一九〇四	修道会教育禁止法（教育の完全世俗化）、教皇庁と外交関係断絶
一九〇五	政教分離法
一九一四	第一次世界大戦勃発
一九一八	ドイツと休戦協定
一九三六	第一次ブルム人民戦線内閣（〜三七年）成立

年	事項
一九三八	第二次世界大戦勃発
一九四〇	パリ陥落、ヴィシー政権成立
一九四四	パリ解放、ドゴール臨時政府成立
一九六八	五月革命
一九八一	ミッテラン、大統領に就任
一九九四	ヨーロッパ連合（ＥＵ）成立

出典：Guy Pervillé, *De l'empire français à la décolonisation*, Paris, Hachette, 1991, p. 50 より作成。

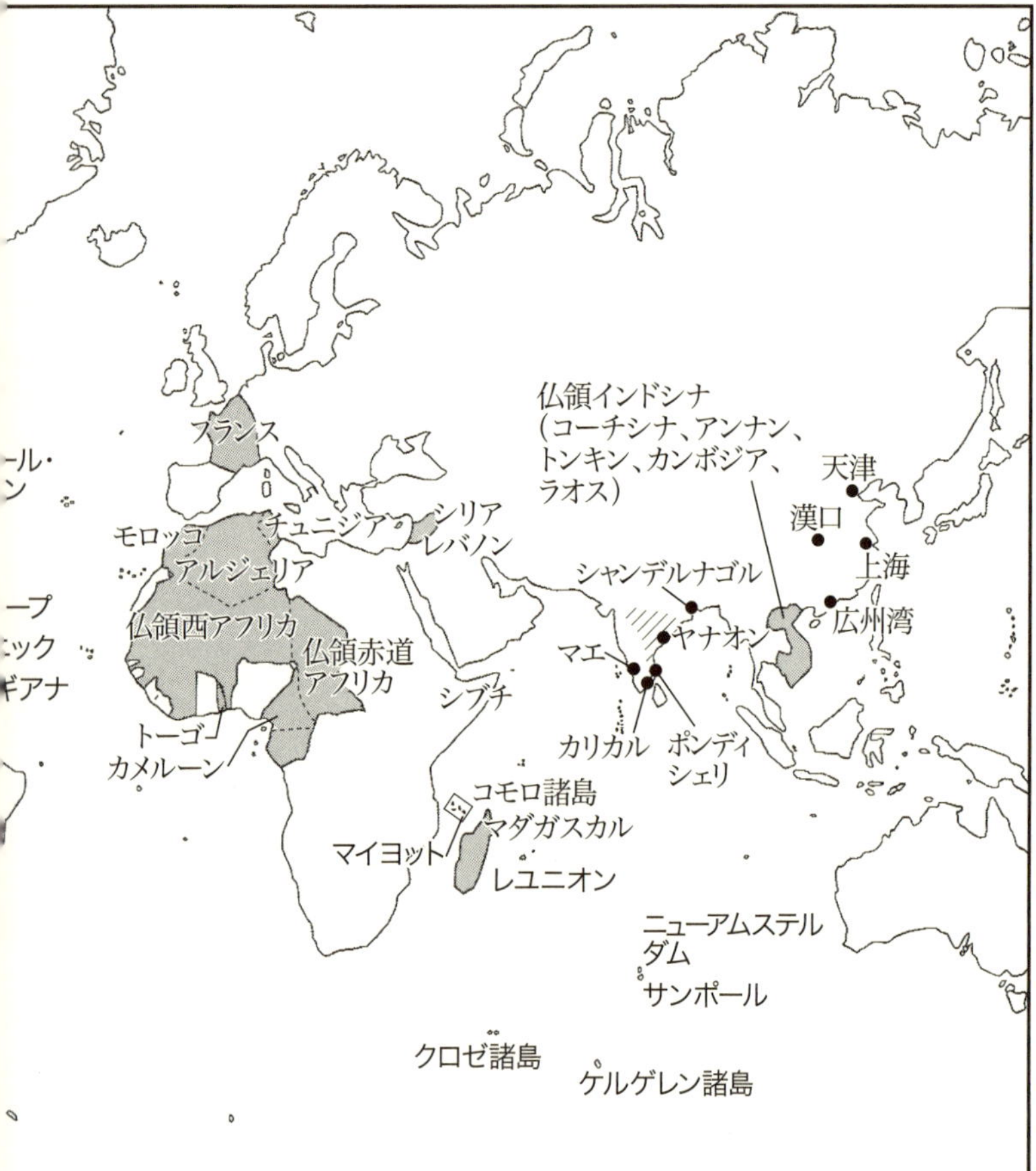

フランス植民地帝国の版図

カナダ
サンピエール・エ・ミクロン
ルイジアナ
グアドループ
マルチニック
ハイチ
仏領ギアナ
クリッパートン
ワリス・エ・フツナ
ヴァヌアツ
ニューカレドニア
マルキーズ諸島
ツアモツ諸島
ソシエテ諸島（タヒチ）
ガンビール諸島
ツブアイ諸島
仏領ポリネシア
0
5000km
第一期植民地帝国の領域
第二期植民地帝国の領域
ゴシック体の地名は今日もフランス領（2014 年現在）

著者紹介

アラン・コルバン（Alain Corbin）

1936年、フランスのオルヌ県に生れる。カーン大学卒業後、歴史学の教授資格取得（1959年）。リモージュのリセで教えた後、トゥール（フランソワ・ラブレー）大学教授として現代史を担当（1972-1986）。1987年よりパリ第一（パンテオン・ソルボンヌ）大学教授として、モーリス・アギュロンの跡を継いで19世紀史の講座を担当した。現在、パリ第一大学名誉教授。“感性の歴史家”としてフランスのみならず西欧世界の中で知られている。

主な著書として、『娼婦』『においの歴史』『浜辺の誕生』『時間・欲望・恐怖』『人喰いの村』『音の風景』『記録を残さなかった男の歴史』『レジャーの誕生』『風景と人間』『空と海』『快楽の歴史』『英雄はいかに作られてきたか』（いずれも藤原書店刊）などがある。

訳者紹介

築山和也（つきやま・かずや）
1966年、静岡県生まれ。ナント大学文学博士。1999年、慶應義塾大学大学院文学研究科博士課程単位取得退学。現在、慶應義塾大学文学部准教授。専門は19世紀フランス文学。訳書に、ミシェル・ヴィノック『知識人の時代——バレス／ジッド／サルトル』（共訳、紀伊國屋書店刊）、A・コルバン／J-J・クルティーヌ／G・ヴィガレロ監修『身体の歴史 II』（共訳、藤原書店刊）がある。

知識欲《ちしきよく》の誕生《たんじょう》　ある小《ちい》さな村《むら》の講演会《こうえんかい》 1895-96

2014年10月30日　初版第1刷発行©

訳　者　築　山　和　也
発行者　藤　原　良　雄
発行所　株式会社　藤　原　書　店

〒162-0041　東京都新宿区早稲田鶴巻町523
電　話　03（5272）0301
FAX　03（5272）0450
振　替　00160－4－17013
info@fujiwara-shoten.co.jp

印刷・製本　中央精版印刷

落丁本・乱丁本はお取替えいたします
定価はカバーに表示してあります

Printed in Japan
ISBN978-4-89434-993-3

中世は西洋にしか存在しない

中世とは何か

J・ル=ゴフ
池田健二・菅沼潤訳

商業・大学・芸術の誕生、時間観念の数量化、ユダヤ人排斥など、近代西洋文明の基本要素は、中世に既に形成されていた。「中世からルネサンスへ」という時代区分の通念を覆し、「中世」「近代」「ヨーロッパ」を語り尽くす。 **口絵カラー一六頁**

四六上製　三三〇頁　**三三〇〇円**
（二〇〇五年三月刊）
◇978-4-89434-442-6
À LA RECHERCHE DU MOYEN ÂGE
Jacques LE GOFF

西洋文明の根幹は「身体」にある

中世の身体

J・ル=ゴフ
池田健二・菅沼潤訳

ミシュレ、モース、アドルノ、フーコーなど、従来の身体史の成果と限界を踏まえ、「現在の原型である」中世の重要性を説き、「身体」に多大な関心を示し、これを称揚すると同時に抑圧した、西洋中世キリスト教文明のダイナミズムの核心に迫る！ **口絵八頁**

四六上製　三〇四頁　**三二〇〇円**
（二〇〇六年六月刊）
◇978-4-89434-521-8
UNE HISTOIRE DU CORPS AU MOYEN-ÂGE
Jacques LE GOFF

アナール派の「読む事典」

新装版
ヨーロッパ中世社会史事典

A・ジェラール
池田健二訳
序J・ル=ゴフ

新しい歴史学・アナール派の重鎮マルク・ブロック、フィリップ・アリエス、ジョルジュ・デュビィ、ジャック・ル=ゴフの成果を総合する〝中世の全体像〟。日本語版で多数の図版をオリジナルに編集・収録したロングセラー。

A5上製　三六八頁　**六〇〇〇円**
（一九九一年三月／二〇〇〇年六月）
◇978-4-89434-182-1
LA SOCIÉTÉ MÉDIÉVALE
Agnès GERHARD

カラー図版で読む中世社会

ヨーロッパの中世
（芸術と社会）

G・デュビィ
池田健二・杉崎泰一郎訳

アナール派を代表する最高の中世史家が芸術作品を〝社会史の史料〟として初めて読み解く。本文、図版（二〇〇点）、史料の三位一体という歴史書の理想を体現し、中世社会の言説と想像界の核心に迫る「芸術社会史」の傑作。

菊上製　三六八頁　**六一〇〇円**
（一九九五年四月刊）
◇978-4-89434-012-1
L'EUROPE AU MOYEN ÂGE
Georges DUBY

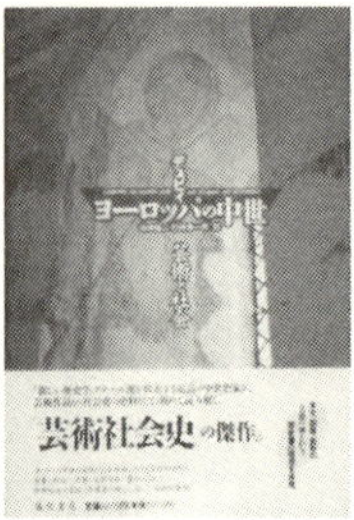

感性の歴史という新領野を拓いた新しい歴史家

アラン・コルバン（1936-　）

「においの歴史」「娼婦の歴史」など、従来の歴史学では考えられなかった対象をみいだして打ち立てられた「感性の歴史学」。そして、一切の記録を残さなかった人間の歴史を書くことはできるのかという、逆説的な歴史記述への挑戦をとおして、既存の歴史学に対して根本的な問題提起をなす、全く新しい歴史家。

「嗅覚革命」を活写

においの歴史
〔嗅覚と社会的想像力〕

A・コルバン
山田登世子・鹿島茂訳

アナール派を代表して「感性の歴史学」という新領野を拓く。悪臭を嫌悪し、芳香を愛でるという現代人に自明の感受性が、いつ、どこで誕生したのか？　十八世紀西欧の歴史の中の「嗅覚革命」を辿り、公衆衛生学の誕生と悪臭退治の起源を浮き彫る名著。

Ａ５上製　四〇〇頁　**四九〇〇円**
（一九九〇年一二月刊）
◇978-4-938661-16-8

LE MIASME ET LA JONQUILLE
Alain CORBIN

浜辺リゾートの誕生

浜辺の誕生
〔海と人間の系譜学〕

A・コルバン
福井和美訳

長らく恐怖と嫌悪の対象であった浜辺を、近代人がリゾートとして悦楽の場としてゆく過程を抉り出す。海と空と陸の狭間、自然の諸力のせめぎあう場、「浜辺」は人間の歴史に何をもたらしたのか？

Ａ５上製　七六〇頁　**八六〇〇円**
（一九九二年一二月刊）
◇978-4-938661-61-8

LE TERRITOIRE DU VIDE
Alain CORBIN

近代的感性とは何か

時間・欲望・恐怖
〔歴史学と感覚の人類学〕

A・コルバン
小倉孝誠・野村正人・小倉和子訳

女と男が織りなす近代社会の「近代性」の誕生を日常生活の様々な面に光をあて、鮮やかに描きだす。語られていない、語りえぬ歴史に挑む。（来日セミナー）「歴史・社会的表象・文学」収録（山田登世子、北山晴一他）。

四六上製　三九二頁　**四一〇〇円**
（一九九三年七月刊）
◇978-4-938661-77-9

LE TEMPS, LE DÉSIR ET L'HORREUR
Alain CORBIN

「群衆の暴力」に迫る

人喰いの村

A・コルバン
石井洋二郎・石井啓子訳

十九世紀フランスの片田舎。定期市の群衆に突然とらえられた一人の青年貴族が二時間にわたる拷問を受けたあげく、村の広場で火あぶりにされた…。感性の歴史家がこの「人喰いの村」の事件を「集合的感性の変遷」という主題をたてて精密に読みとく異色作。

四六上製　二七二頁　**二八〇〇円**
（一九九七年五月刊）
◇978-4-89434-069-5

LE VILLAGE DES CANNIBALES
Alain CORBIN

世界初の成果

感性の歴史

L・フェーヴル、G・デュビイ、A・コルバン
小倉孝誠編
大久保康明・小倉孝誠・坂口哲啓訳

アナール派の三巨人が「感性の歴史」の方法と対象を示す、世界初の成果。「歴史学と心理学」「感性と歴史」「社会史と心性史」「感性の歴史の系譜」「魔術」「恐怖」「死」「電気と文化」「涙」「恋愛と文学」等。

四六上製　三三六頁　**三六〇〇円**
（一九九七年六月刊）
◇978-4-89434-070-1

音と人間社会の歴史

音の風景

A・コルバン
小倉孝誠訳

鐘の音が形づくる聴覚空間と共同体のアイデンティティーを描く、初の音と人間社会の歴史。十九世紀の一万件にものぼる「鐘をめぐる事件」の史料から、今や失われてしまった感性の文化を見事に浮き彫りにした大作。

Ａ５上製　四六四頁　**七二〇〇円**
（一九九七年九月刊）
在庫僅少◇978-4-89434-075-6

LES CLOCHES DE LA TERRE
Alain CORBIN

「社会史」への挑戦状

記録を残さなかった男の歴史

（ある木靴職人の世界1798-1876）

A・コルバン
渡辺響子訳

一切の痕跡を残さず死んでいった普通の人に個人性は与えられるか。古い戸籍の中から無作為に選ばれた、記録を残さなかった男の人生と、彼を取り巻く十九世紀フランス農村の日常生活世界を現代に甦らせた、歴史叙述の革命。

四六上製　四三二頁　**三六〇〇円**
（一九九九年九月刊）
◇978-4-89434-148-7

LE MONDE RETROUVÉ DE LOUIS-FRANÇOIS PINAGOT
Alain CORBIN

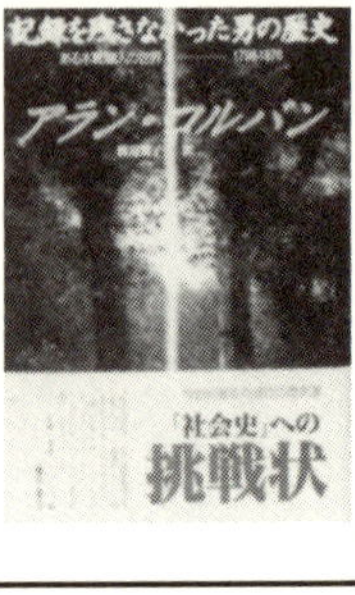

コルバンが全てを語りおろす

感性の歴史家アラン・コルバン

A・コルバン
小倉和子訳

飛翔する想像力と徹底した史料批判の心をあわせもつコルバンが、「感性の歴史」を切り拓いてきたその足跡を、『娼婦』『においの歴史』から『記録を残さなかった男の歴史』までの成立秘話を交え、初めて語りおろす。

四六上製　三〇四頁　二八〇〇円
（二〇〇一年一一月刊）
◇978-4-89434-259-0
HISTORIEN DU SENSIBLE　Alain CORBIN

「感性の歴史家」の新領野

風景と人間

A・コルバン
小倉孝誠訳

歴史の中で変容する「風景」を発見する初の風景の歴史学。詩や絵画などの美的判断、気象・風土・地理・季節の解釈、自然保護という価値観、移動速度や旅行の流行様式の影響などの視点から「風景のなかの人間」を検証。

四六変上製　二〇〇頁　二二〇〇円
（二〇〇二年六月刊）
◇978-4-89434-289-7
L'HOMME DANS LE PAYSAGE　Alain CORBIN

五感を対象とする稀有な歴史家の最新作

空と海

A・コルバン
小倉孝誠訳

「歴史の対象を発見することは、詩的な手法に属する」。十八世紀末から西欧で、人々の天候の感じ取り方に変化が生じ、浜辺への欲望が高まりを見せたのは偶然ではない。現代に続くこれら風景の変化は、視覚だけでなく聴覚、嗅覚、触覚など、人々の身体と欲望そのものの変化と密接に連動していた。

四六変上製　二〇八頁　二二〇〇円
（二〇〇七年二月刊）
◇978-4-89434-560-7
LE CIEL ET LA MER　Alain CORBIN

現代人と「時間」の関わりを論じた名著

レジャーの誕生〈新版〉㊤㊦

A・コルバン
渡辺響子訳

仕事のための力を再創造する自由時間から、「レジャー」の時間への移行過程を丹念に跡づける大作。

A5並製　㊤二七二頁　㊦三〇四頁　口絵八頁
各二八〇〇円
（二〇〇〇年七月／二〇一〇年一〇月刊）
㊤◇978-4-89434-766-3
㊦◇978-4-89434-767-0
L'AVÈNEMENT DES LOISIRS(1850-1960)　Alain CORBIN

〈売春の社会史〉の傑作

娼婦〈新版〉㊤㊦

A・コルバン
杉村和子監訳
山田登世子＝解説

アナール派初の、そして世界初の社会史と呼べる売春の歴史学。「世界最古の職業」と「性の欲望」が歴史の中で変容する様を鮮やかに描き出す大作。

A5並製 ㊤三〇四頁 口絵一六頁 ㊦三五二頁 各三二〇〇円
（一九九一年二月／二〇一〇年一一月刊）
㊤◇978-4-89434-768-7
㊦◇978-4-89434-769-4

LES FILLES DE NOCE Alain CORBIN

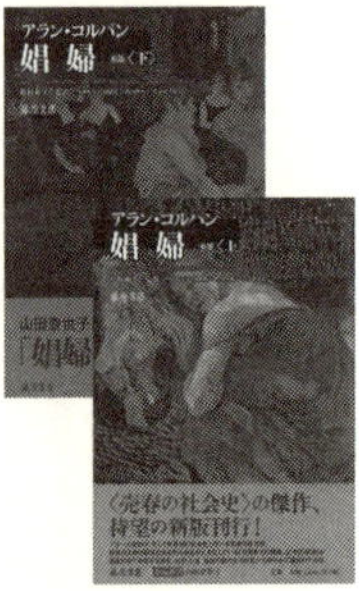

「物語」のように読める通史の決定版

キリスト教の歴史（現代をよりよく理解するために）

A・コルバン編
浜名優美監訳 藤本拓也・渡辺優訳

イエスは実在したのか？ 教会はいつ誕生したのか？ 「正統」と「異端」とは何か？ キリスト教はどのように広がり、時代と共にどう変容したのか？……コルバンが約六〇名の第一級の専門家の協力を得て、キリスト教の全史を一般向けに編集した決定版通史。

A5上製 五三六頁 四八〇〇円
（二〇一〇年五月刊）
◇978-4-89434-742-7

HISTOIRE DU CHRISTIANISME sous la direction de Alain CORBIN

啓蒙の世紀から性科学の誕生まで

快楽の歴史

A・コルバン
尾河直哉訳

フロイト、フーコーの「性（セクシュアリテ）」概念に囚われずに、性科学が誕生する以前の言語空間の中で、医学・宗教・ポルノ文学の史料を丹念に読み解き、当時の性的快楽のありようと変遷を甦らせる、「感性の歴史家」アラン・コルバン初の〝性〟の歴史、完訳決定版！

A5上製 六〇八頁 口絵八頁 六八〇〇円
（二〇一一年一〇月刊）
◇978-4-89434-824-0

L'HARMONIE DES PLAISIRS Alain CORBIN

歴史家コルバンが初めて子どもに語る歴史物語

英雄はいかに作られてきたか（フランスの歴史から見る）

A・コルバン
小倉孝誠監訳
梅澤礼・小池美穂訳

〝感性の歴史家〟アラン・コルバンが、フランスの古代から現代にいたる三三人の歴史的人物について、どのようにして英雄や偉人と見なされるようになり、そのイメージが時代によってどう変遷したかを論じる。

四六変上製 二五六頁 二二〇〇円
（二〇一四年三月刊）
◇978-4-89434-957-5

LES HÉROS DE L'HISTOIRE DE FRANCE EXPLIQUÉS À MON FILS Alain CORBIN

現代人の性愛の根源

世界で一番美しい愛の歴史

ル＝ゴフ、コルバンほか
小倉孝誠・後平隆・後平澪子訳

九人の気鋭の歴史家と作家が、各時代の多様な資料を読み解き、初めて明かす人々の恋愛関係・夫婦関係・性風俗の赤裸々な実態。人類誕生以来の歴史から、現代人の性愛の根源に迫る。

四六上製　二七二頁　**二八〇〇円**
（二〇〇四年一二月刊）◇978-4-89434-425-9

LA PLUS BELLE HISTOIRE DE L'AMOUR
Jacques LE GOFF & Alain CORBIN et al.

フランス障がい者史の草分け

盲人の歴史
（中世から現代まで）

Z・ヴェイガン　序＝A・コルバン
加納由起子訳

「歴史書の中には、夢想を刺激するものがある一方、読者を深く揺さぶるものもある。本書は、この後者に属する。我々が盲目に対して持っている考えの底深く、執拗に存続する非合理な謬見について自ら問いただすことを強いる力を持っている。」（コルバン「序」より）

A5上製　五二八頁　**口絵四頁**　**六六〇〇円**
（二〇一三年四月刊）◇978-4-89434-904-9

VIVRE SANS VOIR
Zina WEYGAND

コルバン絶賛の書

涙の歴史

A・ヴァンサン＝ビュフォー
持田明子訳

ミシュレ、コルバンに続き感性の歴史学に挑む気鋭の著者が、厖大なテキストを渉猟し、流転する涙のレトリックと、そのコミュニケーションの論理を活写する。近代的感性の誕生を、こころとからだの間としての涙の歴史から描く、コルバン、ペロー絶賛の書。

四六上製　四三二頁　**四二七二円**
（一九九四年七月刊）◇978-4-938661-96-0

HISTOIRE DES LARMES
Anne VINCENT-BUFFAULT

我々の「身体」は歴史の産物である

HISTOIRE DU CORPS

身体の歴史（全三巻）

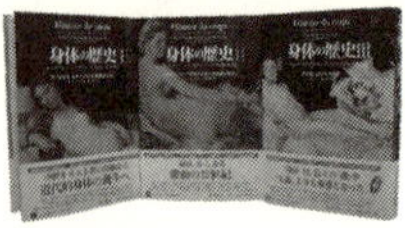

A・コルバン＋J-J・クルティーヌ＋G・ヴィガレロ監修

小倉孝誠・鷲見洋一・岑村傑監訳

第47回日本翻訳出版文化賞受賞　　A5上製（口絵カラー16〜48頁）各6800円

自然と文化が遭遇する場としての「身体」は、社会の歴史的変容の根幹と、臓器移植、美容整形など今日的問題の中心に存在し、歴史と現在を知る上で、最も重要な主題である。16世紀ルネサンス期から現代までの身体のあり方を明らかにする身体史の集大成！

第I巻　16-18世紀　ルネサンスから啓蒙時代まで

ジョルジュ・ヴィガレロ編（鷲見洋一監訳）

中世キリスト教の身体から「近代的身体」の誕生へ。宗教、民衆生活、性生活、競技、解剖学における、人々の「身体」への飽くなき関心を明かす！

656頁　カラー口絵48頁（2010年3月刊）◇978-4-89434-732-8

第II巻　19世紀　フランス革命から第一次世界大戦まで

アラン・コルバン編（小倉孝誠監訳）

臨床=解剖学的な医学の発達、麻酔の発明、肉体関係をめぐる想像力の形成、性科学の誕生、体操とスポーツの発展、産業革命は何をもたらしたか？

504頁　カラー口絵32頁（2010年6月刊）◇978-4-89434-747-2

第III巻　20世紀　まなざしの変容

ジャン＝ジャック・クルティーヌ編（岑村傑監訳）

ヴァーチャルな身体が増殖し、血液や臓器が交換され、機械的なものと有機的なものの境界線が曖昧になる時代にあって、「私の身体」はつねに「私の身体」なのか。　624頁　カラー口絵16頁（2010年9月刊）◇978-4-89434-759-5

ファッション、美容、エステは、いつ誕生したか？

美人の歴史

G・ヴィガレロ

後平澪子訳

ルネッサンス期から現代までの「美人」と「化粧法・美容法」をめぐる歴史。当初、普遍的で絶対的なものとしてあった「美」は、「自分を美しくする」技術や努力が重要視されるなかで、個性的なもの、誰もが手にしうるものとして徐々に〝民主化〟され、現代では〝美の追求〟は万人にとっての強迫観念にまでなった。

A5上製　四四〇頁　カラー口絵一六頁　四六〇〇円
（二〇一二年四月刊）◇978-4-89434-851-6

HISTOIRE DE LA BEAUTÉ Georges VIGARELLO